AILES BRISÉES

L'HISTOIRE DE L'ÉVASION ET DE LA SURVIE D'UN AS DE LA CHASSE DE LA PREMIÈRE GUERRE MONDIALE

DANIEL WRINN

TABLE DES MATIÈRES

GAGNER MES AILES

J'ai commencé à voler à Chicago en 1912. J'avais 18 ans et j'avais toujours voulu être pilote. Quand j'étais plus jeune, j'avais suivi les exploits des frères Wright avec beaucoup d'intérêt. Je dois admettre que j'avais parfois espéré qu'ils n'auraient pas conquis les airs jusqu'à ce que j'aie moi-même une chance de le faire.

J'ai eu ma chance plus tard dans la vie. Mes parents étaient opposés à ce que je risque ma vie dans ce qu'ils considéraient comme le passe-temps le plus dangereux qu'un jeune homme puisse choisir. Chaque fois que j'avais un accident ou une collision, on m'ordonnait de ne plus jamais m'approcher du terrain d'aviation. Alors je suis allé en Californie.

J'ai fait équipe avec un ami, et nous avons construit notre propre avion. Nous avons volé dans tout l'état. Au début de l'année 1916, des troubles se préparaient au Mexique. J'ai rejoint l'American Flying Corps et j'ai été envoyé à San Diego, où se trouvait à l'époque l'école de pilotage de l'armée. J'y ai passé huit mois, mais j'étais impatient d'entrer en service actif. Il ne semblait pas que l'Amérique ait beaucoup de chances de s'impliquer dans la guerre. J'ai décidé de démissionner et de passer au Canada. J'ai rejoint le RFC (Royal Flying Corps) à Victoria, en Colombie-Britannique. J'ai été envoyé à Toronto pour recevoir des instructions.

Quand j'étais cadet, j'ai fait la première boucle jamais faite par un cadet au Canada. Après avoir fait cette cascade, j'ai pensé que j'allais sûrement être viré du service pour ça. À ma grande surprise, ils m'ont permis d'enseigner la boucle dans le cadre d'un cours régulier d'instructions pour les cadets du Royal Flying Corps.

En moins de neuf mois, dix-huit de nos officiers sont partis en Angleterre. Si l'un d'entre nous avait plus de vingt-cinq ans, il s'était bien caché. Le RFC n'acceptait pas les hommes plus âgés comme pilotes. Nous étions composés de neuf Anglais et de neuf Américains. La plupart de mes compatriotes américains étaient fatigués d'attendre que notre pays se joigne à la guerre, et nous avons pu rejoindre les couleurs britanniques depuis le Canada.

En mai 1917, nous sommes partis pour gagner nos ailes. C'était une qualification que nous devions obtenir avant d'être autorisés à chasser les Allemands sur le front occidental. Quelques semaines après notre arrivée en France, nous avions gagné nos ailes. Nous portions notre insigne avec fierté sur notre poitrine gauche. En août, la majorité d'entre nous étaient des pilotes à part entière et engageaient activement l'ennemi dans des conflits quotidiens.

En France, on nous a envoyés dans un endroit appelé le Mess des pilotes. C'est là que nous nous réunissions avec les escadrons d'entraînement du Canada et de l'Angleterre pour attendre les affectations aux escadrons particuliers que nous devions rejoindre. Le Mess des pilotes était situé à quelques kilomètres à l'arrière des lignes. Chaque fois qu'un pilote était abattu ou tué, le Mess des pilotes était informé pour envoyer un autre pilote à sa place.

Le taux de pertes dans le RFC était atroce. La demande de nouveaux pilotes était exigeante. Tous les nouveaux pilotes avaient envie de se battre autant que moi. Nous devenions impatients. Nous avons réalisé que chaque fois qu'ils appelaient un nouvel homme, cela signifiait que quelqu'un d'autre avait probablement été tué, capturé ou blessé. Tôt un matin, un ordre est arrivé pour un pilote éclaireur, et un de mes amis a été affecté. Je me souviens à quel point je l'enviais. À l'époque, j'avais l'impression que c'était la dernière chance pour chacun d'entre nous d'aller au front.

Trois heures seulement s'étaient écoulées lorsqu'un télégramme arriva au Mess. On m'ordonnait de suivre mon ami. J'ai appris par la suite que dès son arrivée à l'escadron, il avait demandé au commandant de me télégraphier pour que je le rejoigne. Au Mess des pilotes, les officiers avaient l'habitude de porter des shorts. Ils étaient très court, comme ceux que portaient les scouts. Cela laissait une vingtaine de centimètres de peau entre le haut des chaussettes et le bas du short.

Les Australiens en portaient aux Dardanelles. Je portais ce short lorsque l'ordre est arrivé, et je n'ai pas eu le temps de me changer. J'avais hâte d'être sur le front. Si j'avais été en pyjama, j'y serai allée de la même façon. Il pleuvait, et j'ai enfilé un long pardessus.

Je suis arrivé en un temps record à l'aérodrome où l'on m'avait ordonné de me présenter. J'ai sauté de ma voiture, et mon pardessus s'est ouvert, montrant mon short, au lieu des pantalons de vol réglementaires que j'étais censé porter. Cela a fait un peu de bruit dans le camp.

« Ça doit être un Yankee. » Un officier a dit à un autre alors que j'arrivais : « Seul un Yankee aurait le culot de se pointer comme ça. » Ils souriaient et gloussaient lorsque je me suis approché d'eux. Ils m'ont accueilli dans leur escadron. Ils m'ont fait me sentir chez moi. Mon escadron était l'un des quatre stationnés à environ 30 kilomètres en arrière de la ligne d'Ypres. Notre escadron était composé de 18 pilotes. Nous n'avions qu'une seule mission. Voler et nous battre. On attendait de nous que nous les engagions et de ne pas attendre qu'ils viennent à nous. Lorsque les bombardiers passaient au-dessus des lignes pendant la journée, l'escadron de scouts les accompagnait en convoi. Les largueurs de bombes volaient à 12 000 pieds, et nous étions à 1 000 pieds au-dessus pour les protéger.

Nous les protégions et repoussions les avions ennemis. Si, à un moment ou à un autre, les largueurs de bombes étaient attaqués, il était du devoir de l'escadron de scouts de combat de plonger et de combattre. Les ordres des bombardiers étaient de continuer à larguer des bombes, et de ne pas s'engager ni se battre, sauf s'il le fallait absolument. Il y avait rarement un moment où les largueurs de bombes n'étaient pas attaqués lorsqu'ils arrivaient en territoire ennemi. Notre escadron était très occupé. En plus des combats aériens, notre escadron subissait des bombardements constants depuis le sol. Nous étions bien entraînés et savions comment éviter d'être touchés depuis le sol.

Pour mon premier vol dans l'escadron, j'ai été emmené au-dessus des lignes en tant qu’observateur. J'avais besoin de localiser mon emplacement au cas où je me perdrais. J'ai dû mapper les lacs, les forêts et d'autres points de repère pour obtenir la configuration du terrain. D'autres pilotes ont insisté pour que je note aussi l'emplacement des hôpitaux. Si jamais j'étais blessé et que je pouvais choisir mon atterrissage, je devais atterrir le plus près possible d'un hôpital. Ce sont les premières choses qu'un nouveau pilote apprenait pendant les deux ou trois premiers jours de son entrée dans l'escadron.

Nos vols réguliers étaient au nombre de deux par jour. Chaque vol durait deux heures. Après notre patrouille de routine, c'était à nous de décider si nous voulions sortir seuls avant de passer à l'escadron. J'ai vite compris que mon escadron était un groupe d'élite. Nos pilotes étaient toujours affectés à des tâches spéciales, comme tirer sur les tranchées ennemies, parfois à seulement 20 mètres du sol.

C'est ainsi que j'ai reçu mon baptême du feu. C'était la troisième fois que je sortais au-dessus des lignes. J'étais excité pour un combat. L'idée d'être attaqué par un avion hostile dans les airs et d'être balayé par des tirs de mitrailleuses depuis le sol me captivait. Certains de nos avions revenaient tellement criblés de balles que je me demandais comment ils avaient pu tenir. Avant de voler, nous devions prendre soin de nous assurer que nos moteurs étaient en parfait état. Parce qu’on nous avait dit que le *pain de guerre* était affreux en Allemagne.

C'était un matin après mon entrée dans l'escadron, et

trois d'entre nous avaient franchi la ligne de démarcation de leur propre chef. Nous avions repéré quatre avions ennemis venir vers nous. Ces avions biplaces étaient utilisés par les Allemands pour l'artillerie et le largage de bombes. Nous savions qu'ils étaient n'étaient pas là pour s'amuser. Chaque avion avait une mitrailleuse à l'avant, actionnée par le pilote. L'observateur avait aussi une mitrailleuse qui pouvait tirer tout autour. Quand on les a remarqués, nos avions étaient à 10 km derrière les lignes allemandes. Nous volions haut, gardant le soleil derrière nous pour que l'ennemi ne puisse pas nous voir. Nous avons repéré trois avions allemands ennemis et nous avons plongé sur eux. Je me rapprochais de celui que j'avais choisi. Son observateur à l'arrière me tirait dessus sans relâche. Aucun de mes tirs n'atteignait sa cible, et je suis passé sous son ventre, mais je me suis retourné et lui ai tiré une autre rafale de balles. Il est tombé en piqué. Une de ses ailes s'était tordue dans un sens puis dans l'autre. Je l'ai regardé s'écraser sur le sol. Je savais que j'avais confirmé ma première victoire sur un avion ennemi.

Un de mes camarades avait également touché l'ennemi, mais les deux autres avions allemands s'étaient enfuis. Nous les avons poursuivis jusqu'à ce que les choses deviennent trop chaudes pour nous, et nous avons dû nous arrêter là. Cette première expérience avait aiguisé mon appétit pour la suite. Je n'ai pas eu à attendre longtemps.

Quelques années plus tôt, un piqué en vrille était considéré comme l'une des choses les plus dangereuses qu'un pilote puisse tenter. De nombreux hommes étaient tués en entrant dans la vrille et en ne sachant pas comment en sortir. Plusieurs pilotes pensaient qu'une fois que l'on était en piqué en vrille, il n'y avait pas moyen d'en sortir. Elle est maintenant utilisée couramment. Les avions que nous utilisions en France étaient contrôlés de deux manières, par les mains et par les pieds. Les pieds travaillent le palonnier, cela contrôle le gouvernail qui dirige l'avion. Les commandes latérales et d'avant en arrière, qui font monter et descendre l'avion, sont contrôlées par le manche à balais.

En vol, un pilote doit s'accrocher au manche, afin qu'il revienne progressivement vers lui. Dans cette position, l'avion monte. Cela signifie que si un pilote est touché et perd le contrôle de son manche, son avion montera jusqu'à ce que l'angle formé devienne trop important pour que le moteur puisse tirer l'avion. En une fraction de seconde, ça s'arrête. Le moteur étant le plus lourd, le nez de l'avion tombe vers l'avant et pique du nez à une vitesse effroyable, tout en tournant. Si le moteur continue à tourner, il augmente la vitesse et les ailes pourraient se dédoubler, entraînant la rupture de l'avion.

Ces rotations sont généralement effectuées avec le moteur en marche. Tu descendrais comme une balle qu'on laisse tomber du ciel. Cela permettait d'augmenter la vitesse grâce à la puissance du moteur et au nez qui tourne, fréquemment utilisé dans les vols acrobatiques. C'était maintenant une technique pratiquée par des pilotes pour s'éloigner d'un avion hostile. Quand un avion vrille, c'est presque impossible de le toucher. Cela fait aussi croire à l'attaquant que son ennemi tombe en une pirouette mortelle. Si le pilote faisait cela sur ses propres lignes, il pouvait redresser sa machine et s'en sortir. Mais si cela se passait en territoire allemand, ils le suivaient, et ils étaient dessus au moment où il sortait de la vrille, donc en position d'avantage et l'abattaient rapidement.

C'était un bon moyen d'entrer dans un nuage et c'était utilisé très souvent. Le courage et l'habileté requis par le pilote faisait qu'il était difficile d'en sortir vivant. Il était difficile de dire si c'était par choix ou intentionnel jusqu'à ce que le pilote redresse son appareil et s'en sorte ou s'écrase.

Une autre technique similaire à celle-ci est simplement connue sous le nom de « piqué ». C'est lorsqu'un pilote vole à une hauteur de plusieurs milliers de pieds, se fait tirer dessus et perd le contrôle de son appareil. Le nez de l'avion se dirige vers le bas avec le moteur à pleine puissance à grande vitesse. Il va vite et droit à une vitesse trop rapide pour l'avion. Les avions n'ont pas été construits pour résister à l'énorme pression exercée sur leurs ailes, et ils se désintègrent. Si vous essayez de redresser l'avion, les gouvernes sont affectées. Cela se produit lorsque vous essayez de sortir votre avion d'un piqué. Cette contrainte est trop forte pour les ailes, et les résultats sont désastreux. Si un réservoir de carburant est perforé par une balle traçante provenant d'un autre avion, l'avion prend feu et plonge en ligne droite à des centaines de kilomètres à l'heure dans une boule de flammes.

Le piqué en vrille était utilisé par les Allemands de façon plus avantageuse que nos pilotes. La raison est que si un combat devenait trop dangereux pour un Allemand, il mettait son avion en vrille, et comme on se battait généralement au-dessus du territoire allemand. il descendait en piqué hors de notre portée et se redressait avant d'atteindre le sol. Il était insensé de le suivre à l'intérieur des lignes allemandes, car vous seriez probablement abattu avant de pouvoir atteindre une altitude suffisante pour franchir à nouveau la ligne.

Il arrivait souvent qu'un pilote soit en train de poursuivre un autre avion quand soudain ce dernier se mette en vrille. Parfois, ils étaient à quinze ou dix-huit mille pieds dans les airs, et l'avion hostile descendait en vrille dans la zone des mille pieds. Le pilote pensait avoir touché l'autre avion et rentrait chez lui, heureux d'avoir abattu un autre Allemand. Il rapportait ce qui s'était passé à l'escadron, leur racontant comment il avait abattu l'avion ennemi. Mais quand le reste de l'escadron arrivait ou qu'un ballon d'observation d'artillerie faisait son rapport, il arrivait souvent que le pilote allemand, situé à quelques centaines de pieds du sol, sorte de la vrille fatale et s'envole avec enthousiasme pour ses propres lignes.

PRISONNIER DE GUERRE

C'était le matin du 17 août 1917. Notre escadron avait franchi la ligne lors d'une patrouille matinale. La première chose que j'ai vue, c'était deux ballons allemands. Je n'avais jamais vu un ballon de cette distance. Après ma patrouille, j'ai décidé de partir seul pour voir de près à quoi ressemblaient ces ballons allemands.

Ces ballons d'observation étaient utilisés des deux côtés. Les équipages étaient assis dans des ballons et dirigeaient les tirs d'artillerie depuis leur point d'observation. Ils suivaient les bombardements d'artillerie et rendaient compte des mouvements de l'ennemi. L'une de nos missions principales était d'abattre ces ballons.

Il y avait deux façons d'attaquer un ballon. L'une d'entre elles consistait à voler près du sol, afin que les canons anti-aériens ne puissent pas nous tirer dessus. On continuait à voler jusqu'à ce que l'on arrive au niveau du ballon. Si on n'avait pas encore descendu le ballon, on ouvrait le feu, et au fur et à mesure qu'on le touchait, les balles mettaient le feu au ballon. La deuxième façon était de s'approcher du ballon, puis de mettre son avion en vrille. Une fois au-dessus d'eux, on virait au-dessus du ballon et on ouvrait le feu. Ensuite, on repassait rapidement sur la ligne à 100 pieds. C'était l'une des tâches les plus difficiles que j'avais eu à effectuer pendant la guerre. C'était beaucoup plus dangereux que d'attaquer des avions ennemis.

Donc, je décidais d'attaquer ces ballons ou de les faire descendre. J'espérais qu'ils étaient toujours là à m'attendre pour que je puisse les canarder. Après mes deux heures de service, je quittais la formation et je fis demi-tour. J'étais à 15 000 pieds, bien plus haut que les ballons. Je coupais mon moteur et je me laissais tomber à travers les nuages, espérant trouver les dirigeables à environ huit ou neuf kilomètres derrière les lignes allemandes.

Je suis sorti du banc de nuages et j'ai vu un avion allemand biplace qui semblait faire de l'observation d'artillerie et diriger les canons allemands à mille pieds au-dessous de moi. J'étais à 6 km derrière les lignes allemandes. L'artillerie me repère. Ils émettent des signaux au sol pour attirer l'attention du pilote ennemi. Je vis l'observateur saisir sa mitrailleuse et le pilote enfoncer le nez de son avion. Ils n'étaient pas assez rapides pour m'échapper. Je plongeais vers eux à deux cents miles à l'heure, en leur tirant dessus à fond. Leur seule chance était que la vitesse de mon plongeon brise mes ailes. Je savais que c'était dangereux, et que dès que je sortirais de mon piqué, les Allemands auraient leur chance de m'avoir. Je devais les atteindre en premier et tenter ma chance. Heureusement, certaines de mes premières balles atteignirent leur cible. Je suis sorti de mon piqué à 4 000 pieds.

L'avion allemand n'est jamais sorti. Puis vint la situation la plus difficile que j'aie jamais vécue en vol. La profondeur de mon piqué m'avait mis à portée de leurs mitrailleuses au sol. Ils ont tiré un barrage de shrapnels sur moi avec leurs canons anti-aériens. J'ai pu *surfer le barrage* comme on dit dans le Royal Flying Corps. Ensuite, ils m’ont tiré dessus avec des « Flaming Onions ». Les « oignons de feu » ou boules de feu, étaient des obus tirés par un canon rotatif utilisés pour frapper les avions volant à basse altitude. Leur portée effective n'était que de 4 500 pieds.

La plupart du temps, ils les tiraient l'un après l'autre par séries de huit. S'ils touchaient l'avion, il prenait feu, et c’était fini. J'ai aussi été attaqué par des tirs anti-aériens « *Archie* ». J'avais échappé aux oignons de feu, mais Archie m'avait touché cinq fois. Chaque fois que j'étais touché par une balle, celle-ci explosait avec un bruit sourd à cause de la tension du tissu recouvrant les ailes. J’ai été sérieusement touché que lorsque j'étais à plus d'un kilomètre de nos lignes, et qu'ils ont touché mon moteur. J'avais encore assez d'altitude pour dériver de notre côté des lignes, mais mon moteur était complètement hors service.

Ils me tirèrent dessus pendant toute la durée de ma descente. Je pensais que j’allais m'écraser avant de franchir la ligne, mais un léger vent en ma faveur me porta à quelques kilomètres derrière nos lignes. Ces fichus ballons pour lesquels j'avais fait tout ce travail indiquaient maintenant ma position exacte à l'artillerie. Il y a deux hommes postés dans chaque ballon. Ils s'élevaient généralement à plusieurs milliers de pieds à environ 8 kilomètres derrière leurs propres lignes et étaient équipés d'un appareil de signalisation. Ils observaient leurs tirs d'artillerie, vérifiaient à nouveau leur position, déterminaient la portée, puis dirigeaient le tir suivant. Si les conditions étaient favorables, ils étaient capables de diriger des tirs d'artillerie et détruisaient presque toujours la cible visée. Ce type de ballon nota obtenu ma position, demanda un bombardement d'artillerie et bombarda mon avion. Si j'avais détruit les deux ballons au lieu de l'avion, je n'aurais probablement pas perdu mon avion et je serais rentré à la maison.

J'avais atterri sur un terrain couvert de trous d'obus larges et béants. Même si j'avais fait un atterrissage forcé, mon avion n'avait pas été gravement endommagé. Je sautais et fis le tour pour voir exactement où étaient les dégâts. Il pourrait facilement être réparé. Je pourrais décoller d'ici, si je pouvais trouver un espace suffisamment long entre les deux trous d'obus et prendre de l'avance avant de quitter le sol. J'examinais mon avion et réfléchissais à la manière de procéder aux quelques réparations. Je ne pensais pas à ma propre sécurité dans cet endroit non protégé. Un obus siffla dans l'air. Il me fit tomber à terre et atterrit quelques mètres plus loin. Je me relevais et couru pour me mettre à l'abri. Si je n'avais pas trébuché et n'étais pas tombé dans un trou d'obus, j'aurais pris le large. Je n'avais aucune idée de l'endroit où le prochain obus allait éclater. Je me suis accroupi, je me suis mis à couvert et je les ai laissés tirer.

Les seules choses m'ayant atteintes étaient les projections de boue m'éclaboussant le visage par-dessus mes vêtements. C'était ma première introduction aux d'obus. J'ai décidé à ce moment-là que l'infanterie pouvait avoir tous les combats de tranchées et de trous d'obus qu'elle voulait. Ce n'était pas pour moi. L'infanterie y vivait de longues nuits, et je ne m'y étais abrité que quelques minutes.

Les Allemands avaient complètement démoli mon avion et les tirs cessèrent. J'ai attendu un court moment. J'avais peur qu'ils tirent à nouveau et qu'ils m'aient par chance. Mais apparemment, ils décidèrent qu'ils avaient gaspillé assez d'obus sur un seul homme.

Je me suis prudemment glissé hors du trou et j'ai essuyé la boue. J'ai regardé l'endroit où se trouvait mon avion, il n'en restait même pas assez pour un souvenir. Je suis reparti en direction du quartier général de l'infanterie, où j'ai pu téléphoner pour faire mon rapport. Peu de temps après, une de nos automobiles est venue me chercher et m'a ramené à notre aérodrome. La plupart de mon escadron pensait que j'avais été tué ou capturé. Ils ne s'attendaient pas à me revoir, sauf mon seul ami, Owen Wrinn. Il n'avait pas cessé de croire que j'allais m'en sortir.

J'ai appris plus tard qu'il avait dit à l'officier commandant de ne pas envoyer un autre pilote. Il lui avait dit : « Cet Américain reviendra à pied s'il le faut. » Je n'étais pas rentré à pied grâce à notre propre voiture qui était là pour me ramener. J'ai appris beaucoup de choses et j'ai eu beaucoup à penser ce jour-là. Je n'aurais pas dû être si sûr de mes capacités. Un des pilotes de mon escadron m'a dit que je ne devais pas prendre ce genre de risques ; la guerre allait être longue. J'aurais beaucoup d'occasions de me faire tuer sans me forcer. Plus tard, j'apprendrai la vérité littérale de sa remarque.

Plus tard dans la nuit, mon escadron (chaque escadron est divisé en trois groupes de six hommes) a été chargé de sortir à nouveau. Je me suis habillé et j'ai remarqué que je n'étais pas marqué pour le service. J'ai trouvé le commandant, un major, et lui ai demandé pourquoi. Il me dit que j'en avais assez fait pour la journée. Mais je savais que si je n'y allais pas, quelqu'un d'une autre équipe prendrait ma place. J'insistais pour pouvoir y aller. Le major accepta à contrecœur. Si j'avais su ce qui m'attendait, je serais resté au chaud.

Nous avions juste passé la ligne. Et l'un de nos avions était déjà rentré à la base à cause d'un problème de moteur. Nous n'avions que cinq avions pour cette patrouille. À 19h50, nous volions à quinze mille pieds et trois autres avions britanniques, à mille pieds en dessous de nous, se battaient avec huit avions allemands. À ce moment précis, j'ai compris que nous étions dans le pétrin. Vers l'océan, il y avait toute une flopée d'avions allemands, que nos camarades en dessous de nous n'avaient pas vus. Nous plongeâmes sur ces Allemands.

Au début, le combat était équilibré. C'était du huit contre huit. Mais d'autres avions au loin qui nous survolaient à une altitude plus élevée sont arrivés sur les lieux. Ils ont piqué sur nous. Nous étions maintenant huit contre vingt. J'ai regardé par-dessus mon épaule et j'ai remarqué que quatre d'entre eux m'avaient pris pour cible. Je partis en piqué. Ils plongèrent juste derrière moi, en tirant en même temps. Les balles traçantes se rapprochaient de moi à chaque seconde. Mon estomac se serrait et mon front était couvert de sueur.

Ces balles traçantes étaient comme des boules de feu qui permettaient au tireur de suivre leurs parcours et de corriger la visée. Elles ne faisaient pas plus de mal à un pilote qu'une balle ordinaire, mais si elles touchaient le réservoir d'essence, c'en était fini. Lorsqu'un avion prenait feu en vol, il n'y avait aucun moyen de l'éteindre. Il fallait moins de trente secondes pour que le tissu brûle sur les ailes, puis que l'avion tombe comme une flèche laissant une traînée de fumée comme une comète.

Quelques jours avant de franchir la ligne, j'observais un combat au-dessus de moi. Un avion allemand avait pris feu et plongeait en flammes vers le sol à travers notre formation. L'Allemand piquait à un angle si aigu que ses deux ailes se s'arrachèrent. Il passa à quelques mètres de nous. Je n'oublierai jamais l'expression de pure terreur sur son visage. Chaque seconde, je m'attendais à subir un sort similaire. Les balles traçantes se rapprochaient. J'ai réalisé que mes chances de m'échapper étaient nulles. Je fus touché à l'attaque suivante. Le regard de terreur de l'Allemand me revint en mémoire. Je n'avais qu'une seule chance. J'avais besoin de faire une manœuvre d'Immelmann.

Cette manœuvre avait été inventée par l'un des plus grands pilotes allemands, qui a finalement été tué au combat. J'avais effectué ce virage magnifiquement et j'avais amené un de leurs avions juste devant moi. J'avais l'avantage sur lui. Quand je ferme les yeux, je vois encore ses yeux effarés et son visage blême. Il devait savoir que sa dernière heure était arrivée. Sa position l'empêchait de me viser alors que mes armes étaient pointées droit sur lui.

Ma première balle traçante passa à quelques centimètres de sa tête. La seconde semblait avoir touché son épaule. Le troisième le frappa au cou. Je lui ai laissais une ouverture, et il descendit en piqué. Pendant tout ce temps, trois autres avions allemands me tiraient dessus.

J'avais entendu des balles frapper mon avion l'une après l'autre. Je savais que je ne pourrais pas vaincre les trois Allemands restants, mais je ne pouvais rien faire d'autre que me battre. J'étais débordé. Je jetais un coup d'œil à mes instruments et à mon altitude. J'étais à 8 500 pieds. Une rafale de balles pénétra le tableau de bord et le réduisit en miettes.

Une autre balle déchira ma lèvre supérieure. Elle traversa mon palais et se logea dans ma gorge. Je tombais en vrille. Je n'avais pas eu le temps de ressentir la douleur. Tout s'était passé si vite. Je tirais sur le manche aussi fort que je le pouvais. L'avion commença à se stabiliser. Il y avait des arbres partout. Je ne pouvais pas empêcher mon corps de se pencher en avant et mes yeux de se fermer, j'étais si fatigué. La chaleur du sang chaud dégoulinait sur mon menton. Le sol vint à ma rencontre si rapidement que je fermai les yeux et tirai sur le manche avec toute la force dont je pouvais faire preuve. Mes mains étaient gluantes et glissantes de sang.

Je me suis réveillé dans un hôpital allemand à cinq heures du matin le lendemain. J'étais un prisonnier de guerre.

MON AMI ALLEMAND

L'hôpital de fortune dans lequel je me suis retrouvé était sale. Il n'aurait pas dû être utilisé comme hôpital. On aurait dit qu'il n'avait été utilisé que depuis quelques jours en raison de la grande campagne qui avait lieu. Ils l'abandonneraient probablement dès que les Allemands auraient trouvé un meilleur emplacement. La demeure comptait cinq pièces et une écurie, le plus grand espace de la propriété. Je n'ai jamais exploré cette aile particulière de l'hôpital.

On m'avait dit qu'elle était déjà surchargée de patients couchés sur des ballots de paille à même le sol. Je ne savais pas s'ils étaient officiers ou simples soldats. Je me suis retrouvé dans une pièce qui comptait huit autres lits, dont quatre étaient occupés par des officiers allemands blessés. J'imaginais que dans les autres pièces, il y avait le même nombre de lits que dans la mienne.

Je n'avais pas repéré d'infirmières de la Croix-Rouge, seulement des aides-soignants. Probablement parce que c'était un hôpital d'urgence et qu'il était trop près du front pour les infirmières. Les aides-soignants n'étaient pas des vieillards ni des jeunes garçons. Il s'agissait de jeunes hommes forts, dans la force de l'âge, qui avaient probablement été étudiants en médecine. Il y avait même un couple qui pouvait parler anglais. Ils refusaient de me parler pour une raison quelconque, très probablement interdite par l'officier en charge.

La blessure par balle dans ma bouche me faisait mal. Mon front était enflé, et l'arrière de ma tête était aussi gros que ma chaussure. Le moindre de mes mouvements était accompagné d'un éclair de douleur intense. Le docteur m'avait dit que je n'avais pas d'os cassés. Je me suis demandé à quel point la douleur serait pire si c'était le cas. Deux officiers allemands me rendirent visite ce matin-là. Ils m'informèrent que mon avion s'était écrasé dans un piqué en vrille d'une hauteur de huit mille pieds. Ils avaient été choqués lorsqu'ils avaient découvert que je n'avais pas été mis en pièces. Ils m'avaient extrait de mon avion, qui était criblé de balles et brisé en morceaux. Le médecin allemand qui avait retiré la balle de ma gorge m'avait demandé à mon réveil si j'étais américain.

Je ne pouvais pas le nier car je portais au poignet le disque d'identification en métal portant l'inscription Lieutenant Ryan, USA, Royal Flying Corps. La douleur était intense. Le médecin parlait un anglais parfait et insistait pour discuter. « Tu ne vaux pas mieux qu'un meurtrier ordinaire », me dit-il. « Tous les Américains qui se sont engagés dans cette guerre alors que leur pays n'en fait pas partie sont des criminels et doivent être traités comme tels. »

Je ne pouvais pas lui répondre à cause de la blessure dans ma bouche. Je souffrais déjà d'une douleur trop intense, pour être blessé par ce qu'il pouvait dire. Il me demanda si je voulais une pomme. Je pensais que j'aurai pu tout aussi bien manger une brique.

« Tu n'auras plus à t'inquiéter », continua-t-il, « La guerre est terminée pour toi. » Il s'éloigna lorsqu'il vit qu'il n'aurait pas de réponse de ma part. Ils me donnèrent un petit bouillon plus tard dans l'après-midi. Je rassemblais mes pensées et je me demandais ce qui était arrivé à mes camarades dans la bataille, qui avait fort mal tourné pour moi. Je pris conscience de ma situation et je me préoccupais moins de ma condition physique. J'étais engagé depuis peu de temps. Et maintenant, j'allais être un prisonnier pour le restant de la guerre.

Le lendemain matin, d'autres officiers allemands vinrent me rendre visite. Ils me traitaient assez bien. Ils me parlèrent de l'homme que j'avais abattu, m'informant qu'il était un bon pilote et un Bavarois. Ils me donnèrent sa veste en souvenir et me complimentèrent sur mes talents de pilote. Mon casque en cuir souple a été fendu d'avant en arrière par une balle de mitrailleuse. Ils l'examinèrent avec curiosité et m'apportèrent mon uniforme. L'étoile de grade de lieutenant sur mon épaulette droite avait été proprement arrachée. Ils me demandèrent s'ils pouvaient la garder en souvenir. Je la leur donnai.

Ils me permirent de garder mes ailes. Même les Allemands étaient conscients que cet insigne était la possession la plus glorieuse d'un officier de l'air britannique. Je crois avoir raison quand je dis que la seule chevalerie de cette guerre, du côté allemand des tranchées, a été affichée par les officiers du German Flying Corps. Ils étaient l'élite de l'armée de leur pays. Ils m'ont fait remarquer que moi et mes camarades ne nous battions que pour l'amour de la bagarre, là où eux se battaient pour défendre leur pays. J'ai envisagé de leur demander si le fait de bombarder Londres et de tuer tous ces innocents était une façon de défendre leur pays. Mais je n'étais pas en état d'argumenter.

Un autre officier allemand avait été déposé à l'hôpital et placé dans le lit à côté du mien. J'avais vaguement jeté un coup d'œil, mais je ne lui avais pas accordé d'intérêt particulier à ce moment-là. Il était resté là, silencieux, pendant plus de quatre heures avant que je ne me retourne et que je le regarde vraiment bien. J'étais certain qu'il ne pouvait pas parler anglais, alors je ne lui parlais pas. Je tournais à nouveau la tête dans sa direction et ses yeux étaient sur moi.

« Qu'est-ce que tu regardes, bon sang ? » dit-il, puis il sourit et fit un clin d'œil.

J'essayais de balbutier quelques mots, mais ma blessure rendait la conversation difficile. Je lui racontai comment je me m'étais retrouvé là. Il avait déjà entendu mon histoire par d'autres officiers allemands. Il me dit que c'était dommage que je ne me sois pas cassé le cou. Apparemment, il n'avait pas beaucoup de sympathie pour le Royal Flying Corps.

Il me demanda d'où je venais en Amérique. Quand je lui dis, San Francisco, il demanda : « Ça te dirait de prendre le brunch du dimanche au Cliff House ? »

Je lui ai dit que ma bouche n'était pas en état de manger quoi que ce soit en ce moment. Puis je lui demandai comment il connaissait e la Cliff House, et il me répondit : « J'ai été lié à cet endroit pendant de nombreuses années, je devrais tout savoir sur l'endroit. »

Après ça, nous sommes devenus de très bons amis. Nous avons passé des heures à parler des jours que nous avions passés à San Francisco. Parfois, nous discutions des incidents californiens ou autres dont nous avions connaissance. Il me dit qu'il était un vrai patriote. Quand la guerre avait commencé, il avait choisi de retourner dans son pays et de le défendre.

Il n'avait pu partir directement de San Francisco car la mer était trop bien gardée par les Anglais, il avait donc embarqué sur un bateau pour l'Amérique du Sud. Il avait trouvé un faux passeport au nom d'un Montevidéen et avait fait la route par New York. De là, il s'était envolé pour l'Angleterre. Il était arrivé facilement en Angleterre avec son faux passeport mais avait décidé de ne pas prendre le risque de passer par la Hollande. Il ne voulait pas éveiller la suspicion.

Il traversa ensuite le détroit de Gibraltar pour se rendre en Italie, pays neutre à l'époque, puis en Autriche et en Allemagne. Lorsque son navire arriva au port de Gibraltar après avoir quitté l'Angleterre, deux hommes furent sortis du navire, dont il était sûr qu'ils étaient neutres. Son passeport et ses accréditations avait été examinés et il était passé sans problème. Il parlait de son voyage d'Amérique en Angleterre comme d'un voyage agréable. Il s'était beaucoup amusé car il s'était lié avec les passagers anglais à bord. Son anglais courant l'avait entraîné dans plusieurs disputes sur le sujet de la guerre. Il avait fait un tabac un soir où les passagers s'était rassemblés pour un peu de musique. Il avait suggéré qu'ils chantent *God Save the King*. Après cela, sa popularité était montée en flèche. Un officier anglais s'était approché de lui pour lui dire : « C'est dommage que nous n'ayons pas d'hommes comme vous dans notre armée. »

Il a convenu que c'était dommage car il aurait pu faire plus pour l'Allemagne s'il avait été dans l'armée anglaise. En dépit de toute sa loyauté apparente. Mon ami allemand ne semblait pas très enthousiaste à propos de la guerre. Il avait admis que les batailles politiques menées en Californie étaient beaucoup plus à son goût que celles qu'il avait connues ici. Et puis à la réflexion, il était parti comme si c'était une bonne blague. Il voulait me faire comprendre qu'il s'intéressait de près à la politique de San Francisco. Lorsque mon ami allemand avait entamé cette conversation, le médecin allemand responsable l'avait réprimandé pour m'avoir parlé. Mais il n'avait pas prêté attention au docteur. Il avait montré qu'un véritable américanisme s'était imprégné dans son système depuis qu'il était aux États-Unis.

Un jour, ils me donnèrent une pomme. Je pense que c'était pour me tourmenter parce qu'ils savaient que je ne pourrais pas la manger, ou pour une autre raison que j'ignore. Quoi qu'il en soit, un aviateur allemand en avait plusieurs dans sa poche et m'en avait donné une belle. Alors qu'il n'y avait aucune chance que je puisse la manger. Je remarquai que mon ami allemand de San Francisco la regardait avec envie. Je la ramassais, et j'allais la lui lancer, mais il a secoué la tête en disant, « si nous étions à San Francisco, je pourrais la prendre, mais ici, je ne peux pas. » Je n'ai jamais pu comprendre pourquoi il avait refusé la pomme. D'habitude, il avait été un homme sociable et agréable, mais il ne pouvait pas oublier que j'étais son ennemi. Un jour, je lui ai demandé ce qu'il pensait que le peuple allemand ferait après la guerre ? L'Allemagne deviendrait-elle une république ? À ma grande surprise, il répondit : « Si ça ne tenait qu'à moi, je créerais une république aujourd'hui et je pendrais ce satané Kaiser. »

Je croyais qu'il était un socialiste allemand, mais il ne me l'avait jamais confirmé. Quand je lui ai demandé comment il s'appelait, il m'a répondu que je ne le reverrais probablement jamais et que son nom importait peu. Je ne savais pas s'il voulait dire que les Allemands allaient me faire mourir de faim, ou simplement ce qu'il avait en tête. À l'époque, je suis sûr qu'il ne pensait pas mourir. Les trois premiers jours à l'hôpital, je pensais qu'il serait sur pied et partirait bien avant moi. Mais il eut un empoisonnement du sang quelques heures avant mon départ. Il mourut pendant l'un de ces jours où ma blessure était encore gênante.

J'avais remarqué à l'hôpital que si un soldat allemand n'avait pas beaucoup de chances de se rétablir pour retourner à la guerre, les médecins ne faisaient pas beaucoup d'efforts pour le soigner. Si un homme pouvait se remettre de ses blessures et qu'ils pensaient qu'il pourrait encore être utile, ils utilisaient toutes leurs compétences médicales pour le soigner. Je ne sais pas si c'était l'ordre officiel ou si les médecins suivaient simplement leurs propres consignes.

Mes dents avaient été sévèrement ébranlées par la balle. J'espérais avoir une chance de les faire réparer quand j'arriverais à la prison de Courtrai. J'avais demandé au médecin s'il me serait possible d'y faire des travaux dentaires. Il m'avait dit qu'il y avait plusieurs dentistes à Courtrai, ils seraient occupés à réparer les dents de leurs propres hommes et ne s'inquiéteraient pas des miennes. Il m’avait dit que je n'aurais pas à m'inquiéter pour mes dents parce que je ne n’aurai pas tant de nourriture. J’aurai voulu lui faire sauter ses dents.

Mon état s'améliora au cours des jours suivants, et j'écrivis un message à mon escadron. Je rapportais que j'étais un prisonnier de guerre et que j'étais bien traité. Je leur avais écrit que j'étais déprimé parce que je ne participais plus aux combats. J'avais demandé s'ils pourraient transmettre ce message à ma mère dans l'Illinois. Je ne voulais pas qu'elle s'inquiète plus qu'elle ne l'était déjà. Il lui suffisait de savoir que j'étais prisonnier, elle n'avait pas besoin de savoir que j'étais aussi blessé. J'espérais que mon message serait acheminé au-delà des lignes et déposé par l'un des officiers allemands. C'était une courtoisie que nous pratiquions des deux côtés.

Je me souviens de la patience avec laquelle nous avions attendu dans notre aérodrome des nouvelles de nos hommes qui n'étaient pas revenus. Je pouvais imaginer comment mon escadron spéculerait sur mon sort. Dans le Royal Flying Corps, vous ne vous souciez pas tant de ce qui vous arrive que des pertes constantes parmi vos amis. Cela peut être déprimant. Lorsque vous sortez avec votre équipe et que vous vous battez, vous êtes dispersés et votre formation est brisée. Quand vous parvenez à rentrer chez vous, vous êtes seul. Parfois, vous êtes le premier à atterrir. Puis, autre avion apparaît dans le ciel, puis un autre. Vous attendez patiemment pendant l’heure qui suit, que le reste de l’équipe revienne. Tout votre escadron a maintenant atterri, sauf un, et vous spéculez sur ce qui lui est arrivé. Il s'est perdu ? A-t-il atterri ailleurs, sur un autre aérodrome ? Les Allemands l'ont descendu ? Capturé ? À la tombée de la nuit, vous réalisez qu'il ne reviendra pas ce soir-là. Vous espérez un appel téléphonique, ou un message sur ce qui lui est arrivé ou sur l'endroit où il se trouve. Si la nuit passe sans aucun signe ou mot de sa part, ou s'il est porté disparu, vous attendez que son nom apparaisse sur les listes du ministère de la Guerre. Peut-être un mois plus tard, des messages sont largués au-delà de la ligne par les Allemands. Ils comportent les noms des pilotes tués ou capturés. Maintenant vous savez pourquoi votre camarade n'est pas revenu le jour où il était sorti avec son escadron pour la dernière fois.

Un officier allemand m'avait parlé d'une bataille féroce qui se déroulait dans les airs à l'extérieur de l'hôpital. Il avait accepté de m'aider à me relever pour que je puisse la regarder. Je l'avais remercié et j'avais accepté son aide. J'ai assisté ce jour-là à l'une des meilleures batailles aériennes que je n'aie jamais vues. Il y avait seize avions allemands contre six de nos avions. Le type d'avion britannique les identifiait comme venant de mon aérodrome. Deux de nos avions combattaient six avions allemands. Le combat était si inégal que la victoire de nos pilotes semblait impossible. Pourtant, ils surpassaient visiblement les Allemands. Peut-être que grâce à une compétence supérieure, ils survivraient et gagneraient, même en étant en infériorité numérique. Une chose dont j'étais sûr : ils n'abandonneraient pas.

Cela aurait pu se finir simplement pour nos pilotes. Une fois qu'ils avaient vu comment les choses se passaient, ils auraient pu tourner le dos et atterrir derrière les lignes allemandes et se rendre. Mais ce n'était pas la façon d'agir du Royal Flying Corps.

Ces types d'affrontements duraient rarement longtemps, mais une seconde semblait durer une heure pour ceux qui se battaient. Même les spectateurs éprouvaient plus de sensations fortes au cours d'une bataille que ce qu'ils vivaient normalement dans une vie. Il devenait évident que le destin des perdants était la mort certaine. Les Allemands autour de l'hôpital regardaient et encourageaient leurs camarades. Les Anglais aussi avaient un sympathisant dans le groupe qui ne faisait aucun effort pour étouffer son admiration pour la bravoure de ses camarades dans le ciel.

La fin arriva rapidement. Quatre avions s'écrasèrent au sol simultanément. C'était maintenant un combat d'égal à égal. Deux des nôtres contre deux des leurs. Les autres s'étaient envolés vers leurs lignes respectives. La blessure dans ma bouche me brûlait et me gênait considérablement. Je demandais un crayon et du papier et remis une note à l'un des officiers allemands. Je lui demandais s'ils pouvaient trouver pour moi qui étaient les officiers anglais qui avaient été abattus. Il me tendit une photo du corps qui avait été trouvée sur l'une des victimes. C'était une photo d'Owen Wrinn et de moi-même. Owen était le meilleur ami que j'avais et l'un des meilleurs pilotes qui aient jamais volé en France.

J'ai appris plus tard que c'était Owen qui avait renvoyé mes affaires en Angleterre avec une lettre signée qui est maintenant en ma possession. Il ne savait pas qu'un jour ou deux plus tard il serait engagé dans son dernier combat héroïque avec moi comme spectateur impuissant. Le même officier allemand qui m'avait apporté la photo avait également dessiné une carte de l'endroit exact où Owen avait été enterré dans les Flandres. Je l'ai gardée précieusement tout au long de mes aventures. Je la remettrais plus tard à ses parents lors de ma visite à Toronto. C'était le devoir le plus triste et le plus tragique que j'aie jamais été appelé à exécuter.

Je leur racontai en personne ce qui était arrivé à Owen. L'autre pilote britannique qui est tombé était aussi de mon escadron. C'était un homme que je connaissais bien. Le lieutenant Renner d'Australie. Je lui avais donné une photo de moi quelques heures seulement avant de commencer mon propre vol désastreux. Il était le pilote vedette de notre escadron et avait déjà participé à des batailles importantes et désespérées, mais cette fois, les circonstances étaient pessimistes. Il s'était brillamment battu, et il avait donné autant qu'il avait encaissé.

On m'avait emmené au département des renseignements de l'armée de l'air allemande. C'était à une heure de l'hôpital. Ils me gardèrent là-bas pendant deux jours. Ils me posèrent des centaines de questions. J'avais remis le message que j'avais écrit à l'hôpital et j'avais demandé qu'un de leurs avions le largue de mon côté de la ligne. Ils m'ont demandé où je voulais qu'ils le déposent, pensant que je donnerais les coordonnées de mon aérodrome. J'ai souri et j'ai secoué la tête.

« Je vais le déposer moi-même. » dit l'un de ceux qui avaient nommé mon aérodrome. J'ai alors compris que l'armée de l'air allemande était aussi efficace que toutes les autres branches du service pour obtenir des informations précieuses. C'est ici que je veux dire que plus je connaissais l'ennemi, plus je me rendais compte de la difficulté que nous aurions à le vaincre.

Je savais que nous finirions par gagner la guerre, à condition de ne pas croire aux idées fausses selon lesquelles les Allemands étaient prêts à abandonner. Les officiers qui m'interrogeaient étaient impatients d'apprendre tout ce qu'ils pouvaient sur le rôle que l'Amérique allait jouer dans la guerre. Il ne leur a pas fallu longtemps pour conclure que l'Amérique ne m'avait pas mis dans la confidence. N'ayant reçu aucune information utile, ils ont abandonné. Je fus envoyé à la prison des officiers à Courtrai, en Belgique.

BANQUET À COURTRAI

Après avoir été interrogé par le service des renseignements, j'ai été emmené dans l'aile des officiers du camp de prisonniers de Courtrai. Un trajet d'une heure en automobile accompagné par l'un des pilotes les plus célèbres du monde. Il serait ensuite tué au combat. Mais un autre aviateur anglais, témoin du dernier combat, m'avait dit qu'il avait livré une bataille féroce et qu'il était mort en héros.

La prison de Courtrai était une prison civile avant la guerre. Située en plein cœur de la ville. Le premier bâtiment que nous avons approché était immense, et devant l'arcade se trouvait l'entrée principale. Un garde nous a interpella et frappa à la portière de notre voiture avant de tourner la clé dans la serrure et de nous admettre. Nous passâmes sous l'arcade pour arriver directement dans la cour faisant face aux bâtiments de la prison. Toutes les fenêtres étaient lourdement barrées de fer.

Après avoir donné mon nom, mon âge, mon adresse et mon immatriculation, on m'a emmené dans une cellule aux barreaux de fer donnant sur la cour. Ils m'informèrent que pendant la nuit, je devrais rester dans cette cellule. J'avais déjà observé mon environnement et compté le nombre de gardes. Une porte verrouillée à l'extérieur m'indiquait que mes chances de m'échapper ne pouvaient pas être pires que dans cette cellule particulière. Je n'avais pas de chapeau. Mon casque était la seule chose que j'avais portée au-delà des lignes. Je devais choisir entre sortir tête nue ou porter la casquette du Bavarois, que j'avais abattu ce jour-là. Je peux seulement imaginer à quoi je devais ressembler dans un uniforme britannique avec un chapeau rouge vif. Ma tenue a dû éveiller la curiosité des Allemands et des soldats belges ce jour-là. Je sortis quand même la casquette.

J'étais entré dans la cour. Mon pardessus couvrait le reste de mon uniforme. Les officiers britanniques s'étaient installés au soleil dans la cour et regardaient fixement la casquette rouge. Ils me dirent par la suite qu'ils se demandaient qui était ce grand Allemand avec un bandage sur la bouche. J'ai gardé avec moi la casquette du Bavarois mort. Mais on me dit que je n'avais pas le droit de la porter lors des promenades que nous faisions. Je devais soit sortir tête nue, soit emprunter un couvre-chef à un autre prisonnier quelques heures chaque jour. Les prisonniers pouvaient se mêler les uns aux autres dans la cour. C'est là que j'appris pour la première fois qu'il y avait douze autres officiers dans la prison en plus de moi.

Il y avait des interprètes qui pouvaient parler toutes les langues. L'un d'eux était un garçon de Newark, New Jersey. Il avait passé toute sa vie en Amérique jusqu'au début de 1914. Il avait déménagé avec ses parents en

Allemagne, et quand il eut l'âge militaire, il fut forcé à s'engager dans l'armée. Après avoir appris à le connaître un peu, je pense que la vérité est qu'il aurait préféré se battre pour l'Amérique plutôt que contre elle. J'ai appris aussi que la plupart des prisonniers ne restaient à Courtrai que quelques jours. Ensuite, ils étaient emmenés dans d'autres prisons à l'intérieur de l'Allemagne. Je ne sais pas si c'était parce que j'étais un Américain ou un pilote, mais cette règle ne s'était pas appliquée à moi. J'y suis resté deux semaines. Pendant ce temps, la prison de Courtrai a été bombardée par nos aviateurs. Il n'y avait pas un jour qui passait sans un raid aérien.

Les villes belges environnantes souffraient beaucoup. Les Allemands avaient de nombreuses troupes concentrées à Courtrai ainsi que l'état-major qui y était stationné. J'ai entendu dire que le Kaiser lui-même y avait rendu visite quand j'étais en prison. La cour était l'endroit le moins fréquenté pendant un raid aérien. Quand nos aviateurs attaquaient la prison dans la journée, je sortais et je regardais les obus éclater. Les Allemands ne se pressaient pas pour sortir. Leurs canons anti-aériens martelaient nos avions aussi haut dans le ciel que possible. Il était possible que des douilles tombent dans la cour de la prison à tout moment. Nous avions compris que nous regardions ces batailles à nos propres risques.

La nuit, de la fenêtre de ma prison, je regardais les raids aériens se poursuivre. Quel spectacle merveilleux, les projecteurs allemands illuminant le ciel, les oignons de feu tirant en hauteur, les rafales incessantes des canons anti-aériens... La peur s'insinua en moi lorsque je réalisai qu'à tout moment, une bombe pouvait être larguée sur le bâtiment dans lequel je me trouvais. Mais c'était la seule excitation que j'avais à ce moment. La vie en prison était incroyablement ennuyeuse. L'une des choses les plus difficiles que j'ai dû endurer était le survol de Courtrai par des avions allemands. Je réalisais que je n'aurais peut-être plus jamais l'occasion de voler.

Je m'asseyais et regardais pendant des heures les avions allemands manœuvrer au-dessus de la prison. Il devait y avoir un aérodrome non loin de là. Je pensais que c'étaient des étudiants parce qu'ils volaient maladroitement. Un pilote allemand semblait aimer voler à basse altitude au-dessus de la prison chaque nuit. Il devait savoir qu'il y avait un aviateur ennemi en prison et attendait impatiemment d'essayer ses ailes au-dessus des lignes.

Cela ne m'inquiétait pas et je savais que son jour viendrait. Avec un peu de chance, plus tôt que tard. Une nuit, un raid aérien d'une intensité inhabituelle eut lieu. Plusieurs officiers allemands entrèrent dans ma cellule et, à voir leurs visages, ils semblaient effrayés. Je leur dis que ce serait fantastique si nos pilotes frappaient directement la prison. Le pourcentage de dommages serait acceptable. Un seul officier anglais pour une dizaine d'Allemands. Ils n'apprécièrent pas ma contribution. Ils étaient trop alarmés par ce qui se passait. Ces raids nocturnes sapaient le courage des Allemands. Les officiers discutaient du raid avec des intonations de colère et de peur.

Il y avait des milliers de soldats à Courtrai. Notre idée de pouvoir gagner la guerre en les affamant était ridicule. La nourriture n'était pas bonne, mais elle était abondante. Les Allemands semblent être bien approvisionnés en équipements, vêtements, armes et munitions. Ces conditions ne signalaient pas une fin rapide de la guerre.

À moins que les Allemands n'aient une récolte absolument nulle, ils pouvaient continuer pendant des années. Cette guerre devait être gagnée en combattant. Plus vite nous combattrions et conquerrions notre ennemi, plus vite elle serait finie.

Nous étions réveillés chaque jour à 7 heures du matin pour le petit-déjeuner. Une tasse de café noir, c'était tout. Si un prisonnier était assez intelligent pour avoir gardé un morceau de pain de la veille, il avait aussi du pain avec son café pour le petit-déjeuner. Certains jours, nous avions la chance d'avoir deux tasses de café. Je suppose qu'on pouvait appeler ça du café. C'était vraiment une sorte de racine de chicorée grillée, sans lait ni sucre. Le déjeuner était un menu de betteraves à sucre bouillies ou d'un autre légume du même genre. De temps en temps, de la viande marinée surnageait dans le ragoût de légumes, mais c'était rare. Nous recevions une petite boule de pain de guerre. Elle était censée durer toute la journée, avec une soupe occasionnelle.

Un autre repas était servi à 17h. La plupart du temps, il s'agissait d'un peu de confiture faite à partir des mêmes betteraves à sucre, avec quelque chose qu'ils appelaient thé, qu'on secouait vigoureusement, sinon il se déposait au fond de la tasse. C'était vraiment juste de l'eau chaude et des feuilles séchées. Ce triste thé était un coup direct pour l'Anglais. Ce qu'ils appelaient thé était affreux. Parfois, nous avions du beurre à la place de la confiture, et de temps en temps, il y avait une sorte de viande en conserve. C'était notre menu pour la journée. J'aurai pu manger plus que tout cela juste au petit-déjeuner.

Nous avions le droit d'acheter des choses. La plupart des prisonniers n'avaient pas d'argent, donc c'était un privilège inutile. J'avais envoyé mes chaussures à un cordonnier belge pour les faire ressemeler. J'avais dû payer 20 marks - 5 dollars. Parfois, une œuvre de charité (Belgian Ladies Relief Society) visitait la prison et nous apportait du savon américain, des mouchoirs, du dentifrice et d'autres petits articles de fabrication américaine. Ces cadeaux étaient utiles, et nous les appréciions beaucoup. J'avais offert un bouton de mon uniforme à une femme belge en guise de souvenir. Un garde allemand l'avait vu, et par la suite, on m'avait interdit de m'approcher à nouveau des visiteurs.

Les conditions sanitaires dans le camp de prisonniers étaient exceptionnelles. Mais une nuit, j'ai découvert que j'avais été infesté par des *poux*. C'était une nouvelle expérience pour moi, une expérience que j'aimerai ne pas avoir eue. Nos aérodromes étaient à plusieurs kilomètres derrière les lignes. Nos logements étaient propres et confortables. Les parasites tels que les poux et autres visiteurs indésirables étaient rares.

Je criai et essayai de les secouer. Le garde entra en courant. À ce moment précis, j'eu un autre excellent exemple de l'efficacité allemande. Le garde était plus contrarié que moi par ma plainte. Il pensait qu'on lui reprocherait les poux. Ils convoquèrent le commandant, et il se mit colère. Quelqu'un allait certainement être réprimandé et puni pour cela. Ce garde me poussa hors de la cellule avec la crosse de son fusil. Il m'emmena à quelques centaines de mètres de la prison. Nous arrivâmes dans un ancien bâtiment d'usine converti en usine de fumigation.

Ils me donnèrent un bain au vinaigre. Je lavai mes draps, mes vêtements et tout ce qui se trouvait dans ma cellule. Ils fumigèrent le tout. Cela prit plus d'une heure pour que mes affaires sèchent. J'observais une autre centaine de victimes de poux. Des soldats allemands infestés depuis les tranchées. Nous étions tous nus. Il n'était pas difficile pour eux de voir que j'étais un étranger, même sans mon uniforme. Aucun d'entre eux ne m'adressa la parole, non pas que je puisse les comprendre de toute façon. Je devais être la cible de leurs blagues. Ils ne cachaient pas le fait que j'étais le sujet de leur conversation. Quand je fus renvoyé dans ma cellule, je vis qu'elle avait été soigneusement fumigée. À partir de ce moment, il n'y eu plus aucun problème de poux.

Nous n'avions pas le droit d'écrire autre chose que sur des cartes de prison. L'écriture était interdite. Nous n'avions rien à lire non plus. Absolument aucune lecture. Nous n'avions rien à faire pour passer le temps. Les jeux de cartes étaient devenus notre principale distraction. Et heureusement pour nous, nous en avions obtenu quelques-uns.

Il n'y avait pas beaucoup d'argent qui circulait dans le camp. J'avais gagné quelques jeux, mais ce n'était pas dû à une capacité particulière de jouer aux cartes de ma part. J'avais plusieurs centaines de francs dans mes poches lorsque j'avais été abattu. Nous organisions une loterie quotidienne. Je ne pense pas qu'il n'y ait jamais eu une loterie suivie avec autant d'intérêt que celle-là. Le tirage au sort avait lieu la veille de la remise du prix. Nous savions la veille, qui serait l'heureux élu. Il y avait toujours un tas de spéculations quant à l'identité du gagnant du prix. Le premier prix était une petite miche de pain.

Notre loterie était toujours jouée à la loyale. Si un

homme était pris en train de tricher, les autres officiers l'évitaient tant qu'il était en prison. J'avais gagné deux fois. Un homme qui, ironiquement, était celui du camp qui mangeait le moins, avait gagné trois jours d'affilée. Heureusement pour lui, sa chance tourna au quatrième jour, car nous aurions eu des soupçons, même si nous nous occupions de la tombola nous-mêmes et que nous savions qu'il n'y avait rien de tordu. Il fut heureusement épargné.

Nous pouvions acheter des poires qui étaient petites et dures. Nous les utilisions comme prix dans nos jeux. Ces minuscules petites poires faméliques valaient plus qu'un tas de pièces de monnaie. Les hommes n'étaient pas aussi téméraires pour parier leurs propres rations. Malgré toutes mes manigances, j'avais réussi à mettre de côté deux morceaux de pain. Je les gardais pour le jour où je m'échapperais, au cas où. Ce n'était pas un sacrifice facile. J'avais survécu en mangeant des poires jusqu'à ce que j'aie enfin un morceau de pain de plus, et alors je me suis forcé à nouveau à reprendre le régime des poires.

Quand un nouveau prisonnier arrivait, il était immédiatement encerclé. Nous étions avides de toute nouvelle ou information qu'il pourrait donner. Il était aussi impatient de nous dire ce qu'il savait. S'il avait été détenu et interrogé par les Allemands pendant un certain temps, il était heureux de voir des visages amicaux. Un malheureux soldat arriva un jour avec d'horribles douleurs. Il avait été blessé par des éclats d'obus à l'estomac et au dos. Nous avons supplié les Allemands de l'envoyer dans un hôpital, mais les médecins refusèrent. Ils nous dirent que c'était contre leurs ordres. Je vis ce pauvre soldat souffrir chaque jour jusqu'à mon départ. Une autre victime de cette terrible guerre.

À un moment donné, dans notre camp de prisonniers, nous avions un marine et aviateur français, un autre pilote du Royal Flying Corps du Canada, deux soldats belges, et quelques autres d'Irlande, d'Écosse et du Pays de Galles. L'un des hommes était de mon propre escadron. Je pensais qu'il avait été tué. Il fut choqué de me voir là. Nous étions un groupe assez diversifié. Un Anglais dit un jour : « Les seules nations civilisées qui comptent sont réunies ici. » Ils n'ont jamais traduit ça aux Allemands. Et il ne l'avait pas crié sur les toits. Dans ce cas, nous n'aurions probablement pas eu un groupe aussi cosmopolite.

Chaque homme défendait vigoureusement son propre pays dans n'importe quelle discussion. Je n'ai jamais pris mes distances dans mon éloge de l'Amérique. Les Canadiens s'exprimaient bien aussi de leur côté. Nous avions des discussions amicales, mais nous étions tous d'accord pour dire que cette prison n'était pas l'endroit pour se chamailler.

Un matin sur deux, on nous emmenait dans une grande piscine et on nous permettait de nous baigner. Il y avait deux piscines, une pour les officiers allemands et une pour nos hommes. Même si nous étions officiers, nous devions utiliser la piscine occupée par les troufions. Pendant que nous nagions, des gardes allemands étaient assis avec un fusil sur les genoux à chaque coin de la piscine. Ils nous regardaient attentivement pendant que nous nous habillions et nous déshabillions. Il y avait toujours des interprètes anglais qui nous accompagnaient lors de ces sorties. Nous ne pouvions pas discuter de sujets privés. Chaque sujet de conversation était rapporté. Chaque fois qu'on nous sortait de la prison pour une raison quelconque, on nous faisait défiler dans les rues les plus bondées.

Les Allemands voulaient faire croire à la population locale qu'ils avaient reçu des centaines de prisonniers. Les soldats allemands ne cachaient jamais leurs sourires et leur mépris. Les Belges étaient curieux de nous voir. Ils sortaient en grand nombre lorsque nous étions hors de la prison. Les gardes allemands frappaient quiconque s'approchait trop près de nous, femmes et enfants compris. Un jour, j'avais souri et salué une jolie fille belge. Elle m'avait répondu en allemand avec un sourire. Un garde s'était rué vers elle. Heureusement pour elle, elle s'était glissée dans sa maison avant qu'il ne l'atteigne. Je crains que mon salut innocent aurait entraîné de graves répercussions pour elle. Je n'aurais pas été capable de l'aider. Chaque fois que nous passions devant une maison belge ou un autre bâtiment détruit par les bombes, nos gardes allemands s'arrêtaient. Nous devions écouter leurs remarques moqueuses et sarcastiques.

J'ai acquis un souvenir lors de mon séjour à Courtrai. C'était une photo prise dans la cour de la prison. Un garde avait pris une photo et la vendait à ceux qui pouvaient payer. Elle coûtait un Mark. Nous avions tous fait face à la caméra. Nous avions essayé d'avoir l'air aussi heureux que possible. Mais la majorité d'entre nous était trop dégoûtée pour sourire. Un de nos gardes allemands sur la photo était assis à une table au centre. Dans toutes mes futures aventures, j'ai conservé sur moi une copie de cette photo. Même maintenant, quand je la regarde, elle me rappelle la chance que j'ai eue de m'échapper. Cela me remplit de regret de penser à mes compagnons de détention qui n'ont pas eu cette chance. La plupart d'entre eux, à cette époque, souffraient dans des camps de prisonniers au fin fond de l'Allemagne. Pauvres compères.

Malgré le peu de nourriture et les autres restrictions auxquelles nous étions soumis en prison, nous réussîmes à organiser sporadiquement un banquet. Ce genre de planification nous permettait de passer le temps. Nous étions maintenant huit, et nous avions décidé que la chose la plus importante pour que ce soit un succès était d'obtenir des pommes de terre. J'eus une idée. L'après-midi, les gardes nous promenaient dans la campagne. Et si l'on faisait semblant d'être fatigué et de s'asseoir lorsqu'on arrivait à un champ de pommes de terre ? Cela fonctionna merveilleusement.

Lorsque nous sommes arrivâmes au premier champ de pommes de terre, nous demandâmes aux gardes de faire une pause, et ils nous le permirent. En moins de cinq minutes, nous avions réussi à récupérer au moins deux pommes de terre chacun, moi-même étant un Américain irlandais, j'en avais ramassé sept. Une fois de retour à la prison, je volais un mouchoir plein de sucre. J'achetai quelques pommes qu'on avait le droit d'acheter, et nous firent de la compote. Nous avions besoin de pain. Nous avions trouvé un Allemand qui était un bon musicien. Il n'était pas difficile de lui demander de jouer de la musique pour nous pendant que nous nous faufilions dans le garde-manger pour voler une miche de pain. Certains d'entre nous avaient gardé du beurre de la veille. Nous allions l'utiliser pour faire frire nos pommes de terre. Nous avions soudoyé des gardes pour qu'ils nous achètent des œufs. Les œufs coûtaient vingt-cinq centimes pièce. Ce banquet sera un succès quoi qu'il arrive.

Nous avions aussi soudoyé le cuisinier de la prison pour qu'il fasse la cuisine pour nous. Lorsque notre banquet fut prêt, nous avions des pommes de terre frites, du pain et de la compote, des œufs brouillés et un pichet de bière que nous avions pu acheter. Si j'avais su que c'était le dernier vrai repas que j'allais avoir pendant plusieurs semaines, je l'aurais apprécié plus que je ne l'ai fait, mais il était incontestablement délicieux. Nous avions préparé assez de nourriture pour notre équipe de huit, mais pendant que nous mangions, un autre homme nous rejoignit. C'était un officier anglais qui avait été amené sur une civière. Pendant plus d'une semaine, il était resté allongé dans un trou d'obus, blessé et affamé. Nous fûmes heureux de partager notre banquet avec lui.

Chacun d'entre nous porta un toast ce jour-là. C'était la dernière fois que j'allais voir ces hommes. Il y avait un sujet dont nous parlions continuellement : quelles étaient nos chances de nous échapper ? Chacun avait une idée différente. Je suppose qu'elles étaient tous aussi peu pratiques les unes que les autres. Nous ne nous attendions pas à avoir l'occasion de mettre nos idées en pratique. C'était amusant de spéculer, et nous ne pouvions jamais savoir quelles opportunités pouvaient se présenter. L'une des meilleures suggestions était de nous déguiser en femmes.

Je leur avais dit que j'aurais sûrement plus de chances déguisé en cheval. Comme je mesurais 1,80 m, je me voyais plus comme un cheval que comme une femme. Un autre avait suggéré de subtiliser un Gotha allemand.

C'était un type d'avion utilisé pour les bombardements à longue distance qui avaient été utilisés dans l'attaque de Londres. Ils étaient pilotés par trois hommes. L'un d'eux était assis à l'avant avec la mitrailleuse, le pilote était assis derrière lui, et l'observateur était assis à l'arrière avec une autre mitrailleuse. Nous avions imaginé qu'en cas d'urgence, sept ou huit d'entre nous pourraient s'échapper dans un seul avion. Ils disposaient de deux moteurs et d'une bonne puissance, ils volaient haut et pouvaient aller vite. Nous n'avons jamais été en mesure de tester cette idée.

J'avais pensé que si je pouvais me faufiler dans un des aérodromes allemands, j'aurai pu attendre dans le hangar, et quand un avion allemand aurait été prêt à décoller, je me serai précipité en criant et en pointant sur ses roues, en espérant que cela amènerait le pilote à s'arrêter et à voir ce qui n'allait pas. À ce moment-là, je lui aurai sauté dessus lorsqu'il serait descendu pour inspecter son avion. J'aurai pu l'assommer, sauter dans son avion et franchir les lignes avant que les Allemands ne comprennent ce qui s'est passé. C'était un beau rêve, mais ça n'allait pas se produire. Nous avions envisagé des douzaines d'autres moyens comme celui-là.

Un homme pensait pouvoir essayer de se frayer un chemin à travers les lignes. Un autre pensait que le moyen le plus sûr était de nager dans une rivière traversant les lignes. On s'était mis d'accord sur un plan pour aller en Hollande. Mais il y avait un énorme obstacle sur notre chemin. Une immense barrière de barbelés et de fils électriques protégeait chaque mètre de la frontière entre la Belgique et la Hollande. Elle était surveillée de près par des soldats allemands. Cette barrière consistait en un mur de barbelés de deux mètres de haut. Deux mètres plus loin, un autre mur de trois mètres comprenait des fils barbelés et une clôture électrique. Si vous la touchiez, vous étiez grillé.

Après ça, il y avait un encore un autre mur de deux mètres de fil barbelé. Si vous arriviez à passer ces trois obstacles, vous arriveriez libre en Hollande. S'y rendre était un problème que nous ne pouvions pas résoudre, et nous ne pensions pas avoir l'occasion d'essayer.

Mon occasion arriva plus tôt que je ne le pensais.

LA GRANDE ÉVASION

Je n'oublierai jamais le matin du 9 septembre. C'était le jour où j'appris que je devais être transféré dans un camp de prisonniers à l'intérieur de l'Allemagne. L'un des gardes s'esclaffa et ricana en me disant que notre destination pourrait être Strasbourg. Ils nous enverraient là-bas pour que nos pilotes ne bombardent pas la prison. Il ajouta que les Britanniques transportaient des officiers allemands sur des navires-hôpitaux pour les mêmes raisons.

Quelques jours plus tôt, j'avais décidé que ce serait une bonne idée de quitter l'Allemagne. Un des interprètes avait une carte. Quand j'ai appris que j'allais être transféré au centre de l'Allemagne, j'ai compris qu'il était temps pour moi de me procurer cette carte. Si j'avais la chance de m'échapper, cette carte n'aurait pas de prix. J'ai demandé à un collègue pilote de m'aider à faire sortir l'interprète. Il acquiesça, et nous avons organisé une discussion houleuse pour savoir si Heidelberg était proche du Rhin ou non. L'interprète allemand sortit de son bureau en brandissant la carte, impatient de régler la dispute. Une fois l'affaire réglée, il retourna dans son bureau. J'avais observé à quel endroit il avait rangé la carte.

J'attendis que l'interprète quitte la pièce pour une raison ou une autre. Une fois dehors, je m'y faufilais et subtilisais la carte du livre où il l'avait cachée. Je la cachai dans ma chaussette. Moins d'une demi-heure plus tard, nous étions en route pour la gare. Nous étions un groupe de six officiers britanniques et d'un officier français. Nous avons attendu pendant plusieurs heures un autre train qui devait nous emmener directement à la prison en Allemagne. Pendant notre arrêt, nous avions été enfermés dans une chambre d'hôtel. Un garde était assis à la porte avec un fusil. J'aurais aimé pouvoir m'enfuir à ce moment-là, mais ça n'avait pas été possible.

Ensuite, nous avons été conduits au train qui devait nous emmener à l'intérieur de l'Allemagne. Il y avait douze wagons. Beaucoup d'entre eux contenaient des troupes rentrant chez elles en congé. Le dernier wagon nous avait été réservé. On nous avait mis dans un compartiment de troisième classe avec de vieux sièges en bois durs. Le sol était sale, et il n'y avait pas de lumière, seulement une faible bougie placée là par le garde. J'avais compté huit prisonniers et quatre gardes. Nous avions été poussés dans le wagon pendant que les autres soldats allemands se rassemblaient à la gare.

Un soldat s'écria « Hope you have a nice trip ! » (J'espère que vous ferez bon voyage !), sarcastiquement, dans un anglais approximatif.

Un autre continua « Écrivez-moi quand vous serez à Berlin », en riant.

Un troisième ajouta « On se reverra bientôt. »

Les officiers allemands n'avaient fait aucun effort pour arrêter les commentaires. En fait, ils en rajoutaient. J'ai interpellé un Allemand qui passait devant notre fenêtre. Je lui ai demandé s'il était un officier. Il a hoché la tête d'un air agacé. J'ai dit : « En Angleterre, nous laissons nos officiers prisonniers voyager en première classe. N'y a-t-il pas moyen d'arranger ça pour que nous soyons traités de la même façon ? Au moins dans un compartiment de seconde classe ? » L'officier cracha au sol, me regarda droit dans les yeux et me dit que s'il pouvait faire ce qu'il voulait, il nous aurait abattus.

Puis il rapporta à la foule ce que j'avais demandé, et ils se mirent à rire hystériquement. Je sentis mon sang bouillir, et mon estomac se raidir. Quand notre train fut prêt à partir, nos gardes présentèrent leurs armes pour inspection. Ils en firent un grand spectacle, chargeant leurs fusils pour nous faire savoir qu'ils pourraient nous tirer dessus. Le moment où le train a démarré lentement en direction de l'Allemagne, la pensée s'est insinuée dans mon esprit que si je ne pouvais pas m'échapper avant d'atteindre ce camp, la guerre serait terminée pour moi. J'ai réalisé que si les huit personnes dans le wagon pouvaient sauter à un signal donné et prendre les quatre gardes allemands par surprise, nous aurions une chance de les maîtriser et de sauter du train dès qu'il ralentirait.

Quand je chuchotai l'idée à mes camarades, ils refusèrent catégoriquement. Ils me dirent que même si le plan fonctionnait aussi bien que je l'avais imaginé, le fait que nous soyons si nombreux à nous échapper entraînerait sans aucun doute une recherche et nous serions à nouveau capturés. La pensée collective était que les Allemands allaient parcourir la Belgique jusqu'à ce qu'ils nous trouvent, et que nous serions tous fusillés. Peut-être qu'ils avaient raison. Mais je devais essayer.

J'étais déterminé à tenter de reprendre ma liberté, quelles qu'en soient les conséquences. Nous traversions d'autres villages belges. Nous nous rapprochions de Strasbourg et du nouveau camp de prisonniers. J'avais décidé que ma seule et unique chance de me libérer avant d'arriver, était la fenêtre. Je plongerai par cette fenêtre en pleine vitesse si nécessaire. Si j'attendais que le train ralentisse ou s'arrête, il serait trop facile pour les gardes de me tirer dessus. Je glissais le pêne de la fenêtre pour l'ouvrir. J'observais le garde qui était assis en face de moi. Il était si proche que ses pieds me touchaient, et la crosse du fusil qu'il tenait entre ses genoux heurtait mon pied de temps en temps. La fenêtre était ouverte, et le bruit du train était de plus en plus sourd. Il semblait presque dire : *Tu es un idiot si tu le fais et un idiot si tu ne le fais pas*. Je fermais la fenêtre. Le bruit du train s'atténua, la vitesse semblait ralentir.

Mon plan m'a semblait être à nouveau la bonne chose à faire. J'étais sûr que le garde en face de moi ne comprenait pas l'anglais. Je murmurais à l'officier anglais à côté de moi ce que je comptais faire. Il me répondit : « Ne fais pas le con. Cette voie ferrée est à double voie des deux côtés. Tu n'as aucune chance de t'en sortir. Tu vas probablement t'exploser la tête contre les rails ou heurter un pont. » Il se pencha en avant et murmura : « Et si tu parviens à t'en sortir, tu vas probablement te faire écraser par un autre train. Tu as moins d'une chance sur mille de t'en sortir vivant. »

Il avait raison. Sa logique résonnait en moi. Mais je

me disais que dès que nous serions dans la nouvelle prison, nous aurions moins d'une chance sur dix mille de nous échapper. L'idée de rester un prisonnier de guerre était contre mes convictions. Je regardai à nouveau le garde. C'était un homme plus âgé, probablement en congé, qui avait l'air de rêver à ce qu'il allait faire, plutôt que de me prêter attention.

Je lui souris et fit un signe de tête. J'étais sûr qu'il n'avait pas la moindre idée de ce qui me passait par la tête. Je fis semblant de tousser comme si ma gorge était irritée par la fumée. J'ouvris une fois encore la fenêtre. Cette fois, le garde leva les yeux et montra sa désapprobation, mais il ne dit rien.

Il était 4 heures du matin, bientôt ce serait l'aube. C'était maintenant ou jamais. Je n'aurai aucune chance d'essayer ça dans la journée. Je portais un trench-coat et j'avais un sac à dos. J'avais un morceau de saucisse, deux morceaux de pain, et une paire de gants de vol. Tout cela devrait passer avec moi à travers cette foutue fenêtre. Le train roulait à environ 50 kilomètres à l'heure. J'écoutais le bruit du cliquetis sur les traverses. Une voix dans ma tête répétait : *Tu es un idiot si tu fais ça, tu es un idiot si tu fais ça, tu es un idiot si tu fais ça. Tu es un idiot si tu ne fais pas ça.*

Je m'assis sur le banc comme si j'allais mettre mon sac sur le rack. Je tenais la barre de ma main gauche. Je soulevai mon corps en tirant sur mon bras, je jetai mes pieds et mes jambes par la fenêtre et je lâchai prise. Je m'attendais à recevoir une balle entre les épaules. C'était fini en un instant. J'avais atterri avec le côté gauche de mon visage dans les rochers. Je me suis évanoui. Je repris mes esprits et je secouai la tête. Je ne pouvais pas ouvrir mon œil gauche. Mes mains et mes tibias était éraflés. Ma cheville était complètement engourdie.

S'ils avaient tiré par la fenêtre dans les premiers instants après ma fuite, je n'avais aucun moyen de le savoir. S'ils avaient arrêté le train à ce moment-là, ils auraient pu me recapturer rapidement. Mais à la vitesse à laquelle nous allions et dans la confusion qui a dû suivre ma fuite, ils ne se sont probablement pas arrêtés avant un kilomètre. J'étais étourdi. Il me fallut plusieurs minutes pour reprendre pleinement conscience. Je m'examinai et je constatai que je n'avais pas d'os cassés. Je ne souciais pas de mes coupures et de mes bleus. Je me levai d'un bond. Tout ce qui me trottait dans la tête était de savoir quelle distance je pouvais mettre entre moi et l'endroit de ma chute avant le lever du jour.

J'avais perdu l'un de mes deux précieux morceaux de pain de mon sac à dos. Pas le temps de le chercher. J'étais libre. C'était à moi de tirer le meilleur parti de mon évasion.

LA TRAVERSÉE DE L'ALLEMAGNE

Je ne savais pas exactement où j'avais sauté. Peut-être qu'après la fin de la guerre, quelqu'un me le dirait, pour que je puisse retourner chercher l'impression que j'avais faite dans ce gros caillou avec mon visage. Je ne me suis pas arrêté longtemps ce matin-là, après avoir repris mes esprits. Je saignais abondamment de mes nouvelles blessures. Je maintenais un mouchoir sur mon visage pour arrêter l'hémorragie.

J'avais utilisé le bas de mon manteau pour empêcher le sang de laisser des traces sur le sol. J'avais marché près d'un kilomètre avant de m'arrêter pour me reposer. Je suivais les étoiles. J'avais remarqué que j'avais pris la mauvaise direction, mais je n'étais pas prêt à faire marche arrière. J'ai continué vers l'ouest pendant quelques heures. La perte de sang m'affaiblissait et m'étourdissait. Au petit jour, je me trouvais devant un canal à traverser. Je sautai dans l'eau et traversai à la nage. Cette baignade fut une erreur qui m'apprit deux ou trois choses.

La première chose que j'avais oubliée, c'était d'enlever ma montre. Bien que ma montre ait été cassée lors du saut en train - je l'avait fait réparer à Courtrai - j'avais encore cassé le cristal. Elle aurait pu vraiment m'aider dans cette évasion. La traversée du canal lui donna le coup de grâce. Je n'avais pas non plus sorti la carte de ma chaussette. L'eau avait également détrempé la carte. À l'avenir, je prendrai toutes ces questions en considération. Si je devais à nouveau traverser n'importe quelle pièce d'eau, je ferais plus attention et j'attacherais mes trésors sur ma tête.

Le jour s'était levé. Il serait suicidaire de voyager avec mon uniforme britannique en territoire ennemi. Je devais me cacher le jour et ne voyager que la nuit. Depuis le canal, j'ai vu un terrain invitant à se reposer pour la journée. Je boitais à cause de la douleur lancinante de ma cheville gauche. La blessure dans ma bouche s'était réouverte. J'avalais difficilement le seul morceau de pain qui allait être mon petit-déjeuner. Heureusement, il avait été ramolli par l'eau du canal. Mon bout de terrain s'était avéré être un endroit confortable et sûr pour la journée. Une bruine pluvieuse continue rendait impossible le séchage de mes vêtements.

Je savais que je devais dormir. Surtout que je devrais voyager toute la nuit. J'avais tellement mal. Le sang et la boue étaient étalés sur mes vêtements trempés. Je ne pouvais pas dormir car mon estomac grondait et réclamait de la nourriture. Cela semblait déjà être le jour le plus long et le plus terrible de ma vie. Mais il y avait encore beaucoup plus à venir.

Lorsque la nuit tomba, je me suis ressaisi et j'ai pris la direction du nord-est. J'avais deux t-shirts, des leggings en cuir, des chaussures lourdes, une paire de chaussettes en laine, et cette casquette rouge du pilote bavarois. J'avais encore quelques centaines de francs et un petit couteau que j'avais réussi à subtiliser dans la salle des biens des prisonniers à Courtrai. Je me débarrassai de mon sac à dos car je n'avais plus rien à y mettre. Je voyageais rapidement, compte tenu de toutes mes blessures et difficultés. J'avais traversé plusieurs canaux à la nage. J'avais parcouru au moins quinze kilomètres avant que le soleil ne se lève. Je trouvai des buissons loin de la route et je m'y allongeai. Je repêchai ma dernière saucisse dans mes vêtements mouillés et je mangeai la dernière de mes rations.

La nuit suivante, je parcourus la même distance, mais la faim et la soif étaient accablantes. Pendant les six jours suivants, je voyageais comme ça. Je pensais que j'étais toujours en Allemagne. Je vivais de betteraves à sucre, de choux, et occasionnellement d'une carotte crue si j'avais de la chance. Une nuit, je m'étais allongé dans un champ de choux pendant deux heures et j'avais lapé les feuilles avec ma langue.

Je devais éviter tout danger. J'étais dans un pays ennemi dans mon uniforme britannique. Si quelqu'un m'avait capturé ou avait fourni des informations pour ma capture, ils auraient sûrement été généreusement récompensés. Je devais me déplacer aussi vite que possible, et rester hors de vue. Même si cela allait me prendre une année pour arriver en Hollande. Je devais le faire. D'après ma carte, j'étais à 50 km de Strasbourg lorsque j'avais sauté du train. Si j'avais voyagé en ligne droite, il aurait eu environ 280 kilomètres jusqu'à la Hollande. Maintenant, avec tous les détours que j'avais dû faire, ce voyage était plus proche des 360 kilomètres.

Ce pays était plein de forêts de jeunes pins. Les arbres étaient hauts de plus de quatre mètres et proches les uns des autres. C'était un obstacle sérieux car ils bloquaient les étoiles. Je ne suis pas astronome, mais même moi je peux trouver l'étoile polaire. Si je ne l'avais pas trouvée, je serais mort depuis longtemps.

Il avait plu toutes les nuits pendant ma traversée de l'Allemagne jusqu'au Luxembourg. Je continuais mon plan de voyager toute la nuit jusqu'à 6 heures du matin. À l'aube, Je faisais des pieds et des mains pour dénicher un endroit où me cacher pour le reste de la journée. Des bois clairs en retrait du chemin avec des buissons bas étaient mes meilleurs amis. Dès que je trouvais un endroit, je m'asseyais et je dormais. Mon pardessus mouillé me servait de couverture. Le seul vrai sommeil que je pouvais avoir était dû à l'épuisement. C'est généralement à l'approche du crépuscule que je devais repartir.

J'avais de la chance de ne pas fumer. Je n'avais jamais consommé de tabac sous quelque forme que ce soit. C'était tout bénéfices. Si j'avais dû supporter des envies de tabac en plus du manque de nourriture, cela aurait été encore plus insupportable. La cinquième nuit, j'étais vraiment fatigué et épuisé. Après avoir parcouru environ cinq kilomètres dans les bois humides, je m'asseyais sur une souche et fit une petite pause. Je fermai les yeux, juste pour un moment. En les ouvrant, je réalisai que j'étais assis dans le jardin d'un Allemand en plein jour. Je couru à toutes jambes pour me cacher comme un lapin poursuivi par un renard. Après avoir trouvé un abri pour la journée, je décidai sur le champ de ne plus jamais laisser cela se reproduire.

J'avais passé des heures à la lumière du jour à étudier

la carte. Très vite, je l'avais apprise par cœur. Je me suis vite rendu compte qu'elle ne comprenait pas tous les canaux et rivières que j'avais rencontrés, et pour la plupart, cela m'avait complètement égaré.

Je suis arrivé au Luxembourg le dixième jour. Alors qu'ils étaient censés être neutres, ils n'étaient pas plus sûrs que n'importe quel coin de Belgique. Les Allemands ne respectaient pas leur neutralité, et si j'étais trouvé et attrapé là-bas, je subirais le même sort qu'en Allemagne.

Pendant ces dix jours, j'avais parcouru quatre-vingts kilomètres. J'étais plus près de la liberté. Le manque constant de nourriture, la perte de sommeil et les vêtements mouillés m'avaient affaibli. Je doutais de pouvoir continuer longtemps. Je continuai. Rien n'allait m'arrêter. Rien n'allait m'empêcher d'atteindre la Hollande. Rien ne m'empêcherait d'atteindre la liberté.

AVENTURES AU LUXEMBOURG

Je me dirigeais vers le nord-ouest. En gardant ce cap, je quitterais le Luxembourg pour entrer en Belgique, où je serais mieux loti. Le Luxembourg était pratiquement identique à l'Allemagne. Le premier jour que passé au Luxembourg, je voyageais toute la nuit. J'étais faible. J'arrivai dans un petit bois avec beaucoup de broussailles. Je trouvai une belle touffe épaisse de buissons qui n'était pas visible du chemin. Je m'y glissai et j'y passai la journée.

Le soleil pouvait à peine m'atteindre à travers une ouverture dans les arbres. J'enlevai mes vêtements et les accrochai pour les faire sécher sur un buisson proche. J'entendis la voix d'un homme et je me levai d'un bond. Plusieurs pensées se précipitèrent dans mon esprit. Ma première impulsion avait été de les charger et de défendre ma vie aussi bien que possible. Cette fois, je me retenais et je décidais de regarder avant de sauter.

J'étais content de l'avoir fait. C'était juste deux hommes qui coupaient tranquillement un arbre. Ils parlaient et plaisantaient pendant qu'ils travaillaient. Un sentiment de soulagement m'envahit. Je pensais que tant que je restais allongé ici paisiblement, je serais en sécurité.

Mais je me rendis compte que si l'arbre qu'ils abattaient tombait sur moi, je serai écrasé. C'était un gros arbre et ses branches me réduiraient en bouillie s'il atterrissait dans ma direction. Je ne voyais que le haut des têtes des hommes qui travaillaient. Je n'avais aucune idée de la façon dont cet arbre allait atterrir.

J'ai pensé que j'étais paranoïaque. Les chances que cet arbre me tombe dessus et me tue étaient aux mieux infimes. Les hommes qui l'abattaient s'étaient éloignés des buissons, car la taille des branches rendait l'abattage plus difficile.

Il n'y avait rien d'autre à faire que d'attendre et de voir ce que le destin me réservait. Je croisais mes mains derrière ma tête et je fixais la cime de l'arbre. Il se balançait de gauche à droite. Au moment où je pensais qu'il penchait dans ma direction, il s'arrêtait et changeait de cap. J'entendais le *bruit sourd de* la hache de l'homme contre l'arbre et je savais que mon imagination me jouait des tours.

Un fort *craquement* me sortis de ma rêverie où je m'apitoyais sur mon sort. J'étais là, fugitif dans un pays hostile, allongé nu dans les buissons, attendant de voir si l'arbre qui tombait allait m'écraser comme un insecte. Il tomba dans la direction totalement opposée. J'avais deviné juste.

Plus tard dans l'après-midi, j'entendis des voix d'enfants. Je sortis de ma cachette et je vis que les hommes recevaient leur repas. J'avais vraiment faim. Je pouvais juste les regarder manger. Je pensai à les approcher hardiment et à leur demander de la nourriture. J'avais déjà trop sacrifié, même pour un peu de nourriture. Je ravalerais ma faim.

Juste après 17 heures, il commença à pleuvoir. Quand les hommes partirent, je rampai sur mes coudes et mes genoux. Je fouillai le sol, à la recherche de restes. Je ne trouvai rien, pas même une trace de miettes. A la nuit tombée, j'étais de nouveau en route.

Cette nuit-là, j'arrivai à une rivière. Je m'arrêtai et soupirai. Mes vêtements étaient enfin secs pour la première fois depuis que j'avais commencé cette évasion. J'étais déterminé à les garder ainsi le plus longtemps possible. Je décidai de me déshabiller à nouveau et de faire deux ballots et deux traversées. C'était une large rivière, mais j'étais un bon nageur. Je pourrais me reposer de l'autre côté si j'en avais besoin par la suite.

Je traversai facilement la rivière à la nage la première fois. Lorsque j'atteignis la rive opposée, je bus jusqu'à ce que ma soif soit enfin étanchée, puis je retraversai à la nage. Pour ma troisième traversée, j'avais fixé mes chaussures et mes autres biens à ma tête. Une de mes chaussures glissa et coula dans au moins trois mètres d'eau.

Je devais retourner chercher la chaussure manquante. Il était hors de question que je continue avec une seule chaussure. Plonger dans mon état était difficile, mais rien n'allait m'empêcher de récupérer cette chaussure. Après une heure, je la retrouvai. C'est la dernière fois que j'enlèverais mes chaussures. J'avais peur de ne pas pouvoir les renfiler avec mes pieds enflés. Cette plongée à répétitions m'avait coûté plus de trois heures. Je me reposais pendant vingt minutes, puis repris mon chemin.

Moins d'un kilomètre plus tard, j'arrivais à une autre rivière, à peu près de la même taille que celle que je venais de traverser. Je marchai le long de la rive à la recherche d'un pont ou d'un bateau, mais je ne trouvai qu'un autre fait décevant. J'étais de retour à la rivière, je venais de la traverser à la nage. J'avais traversé à la nage dans une courbe de la rivière et j'étais à nouveau du mauvais côté. J'étais furieux contre moi-même. Pourquoi n'avais-je pas fait plus attention du cours de la rivière avant de décider de la traverser ? Je vérifiais à nouveau la carte et je constatais que le cours d'eau n'y figurait pas. Je n'avais eu aucun moyen de le savoir.

Maintenant, je devais traverser à nouveau. J'entrais dans l'eau et acceptais mon destin. Je ne m'étais pas déshabillé cette fois-ci, et je ne le ferai pas non plus à l'avenir lors de traversées de rivières et de canaux. J'avais accepté le fait qu'il était impossible de maintenir mes vêtements au sec, donc je pourrais aussi bien nager avec.

Je passais le jour suivant dans une forêt. À 5 heures du matin, je me frayais un chemin dans les bois jusqu'à ce que le jour se lève et que je trouve un endroit où me dissimuler jusqu'à la tombée de la nuit. J'étais épuisé et résigné à un bon sommeil réparateur. Au moment où un petit rayon de soleil aurait dû me sourire, j'ai reçu une nouvelle pluie fine. J'avais abandonné tout espoir de trouver un endroit sec pour dormir. Les feuilles humides me tombaient dessus. L'humidité pénétrait dans les moindres recoins.

Je décidais de me promener dans les bois dans l'espoir de trouver un abri sec. Les arbres étaient grands, mais la forêt n'était pas dense. Il n'y avait pas d'arbustes ni de buissons aux alentours. Je me rapprochais de la lisière des bois quand j'entendis des voix dans un chariot qui approchait. Je ne pouvais pas savoir d'où ils venaient. Mon instinct me disait de rester dans les bois. De petits fossés avaient été creusés un peu partout. En saison sèche, ils auraient offert un abri à un fugitif fatigué. Mais pas aujourd'hui. Ils étaient pleins d'eau.

J'ai choisi un endroit moins mouillé que les autres et je me suis allongé pour faire une sieste. Je sentais l'anxiété envahir mon corps à l'idée d'être découvert, mais l'épuisement pris le dessus et je me suis endormi en position fœtale.

Quand la nuit arriva enfin, le tonnerre crépitant et les éclairs lointains me réveillèrent. Les nuages bas annonçaient une nouvelle grosse pluie. Il n'y avait pas une seule étoile dans le ciel. Je n'avais aucun moyen de savoir dans quelle direction je devais aller. Je pris un risque et commençais à marcher dans la direction que j'espérais être le nord. J'aurais dû rester sur place jusqu'à ce que le temps s'améliore mais ma nature impatiente l'avait encore emporté.

Je n'étais pas du tout sûr de mes repères. Je croyais que j'étais dans la bonne direction. Je devais faire confiance à la chance. Cette nuit-là, j'ai trouvé plus de marécages, de canaux et de rivières que je n'en avais jamais vus de ma vie. J'avais réussi à tomber sur du céleri. Après un régime régulier de betteraves à sucre, le céleri semblait être un cadeau du ciel. Je pris un peu de céleri avec moi. Je devais avoir l'air d'une vache ruminante, perdue dans les bois.

Quand je trouvai mon prochain point de repos au matin, je calculai que j'avais parcouru au moins douze kilomètres. Les points de repère me semblaient familiers. Je n'étais pas sûr de délirer, mais je jurais d'avoir reconnu certaines marques dans les bois. Je me suis allongé là où j'espérais que le soleil brillerait. Je rêvais que mes vêtements séchaient. Peut-être même que je pourrais dormir tranquillement. J'avais une grosse betterave et un gros morceau de céleri. Je n'allais pas mourir de faim aujourd'hui.

Alors que le soleil se levait le lendemain matin, la colère monta en moi. Je sentis mes joues rougir et mon cœur battre contre ma poitrine. J'étais à l'endroit exact que j'avais quitté la nuit précédente. J'ai fait le tour des bois pendant toute la nuit. Je n'avais rien accompli.

En guise de consolation, le soleil sorti des nuages et brilla sur moi toute la journée. J'accueillais ses rayons chauds comme un vieil ami. J'étais encore si fatigué. Mais ce jour s'était écoulé mieux que les autres. Lorsque les étoiles brillèrent cette nuit-là, je trouvai l'étoile polaire et essaya de rattraper le temps perdu autant que possible. Je pensais aux nombreuses erreurs stupides que j'avais faites jusqu'à présent et je me mis à rire. Peut-être qu'il y avait un côté comique à tout ça après tout. Je riais aux éclats comme un fou, qui se termina en un hurlement. J'avais commencé à me parler à moi-même ; je me sentais seul et j'avais besoin de quelqu'un à qui parler. J'aurais bien aimé avoir un serpent comme compagnon.

Je passai ma langue sur le dos de mes dents, j'avais une fringale de lait. Les vaches étaient peu nombreuses et bien gardées dans ce pays. Elles étaient généralement logées dans des granges à côté des maisons et surveillées de près par leurs propriétaires. Peut-être que je pourrais trouver une chèvre ? Le lait de chèvre est délicieux. Les chèvres étaient habituellement parquées dans les champs, loin d'être aussi bien gardées que les vaches. Mais je ne trouvai aucun cochon, vache ou chèvre. Chaque fois que je tombais sur un nid, je cherchais des œufs, et le nid était vide.

Je pensai à m'introduire dans une maison et à intimider les occupants pour avoir de la nourriture. Mais je savais au Luxembourg que les jeunes hommes n'étaient pas forcés de s'engager dans l'armée et que beaucoup étaient restés à la maison. Ils étaient pour la plupart pro-allemands, et je n'avais ni la force ni les armes pour leur tenir tête. Si je tombais sur des hommes et des femmes âgés, j'aurais peut-être tenté ma chance, mais pas comme ça. Les temps étaient peut-être durs pour moi, mais j'avais beaucoup de légumes à manger et je survivrais. Je continuais à avancer.

Si j'avais été un meilleur homme des bois, je n'aurais pas fait autant d'erreurs et j'aurais pu éviter certains de mes pièges et profiter de choses qui auraient été évidentes pour un gars de la campagne expérimenté. Je n'avais pas choisi cette aventure. J'avais été choisi par le destin pour l'endurer.

À présent, mes genoux étaient enflés et le nombre des ampoules sur mes pieds et mes jambes augmentait. Je suis sûr que j'avais perdu la vue de mon œil gauche. Je n'avais rien pu voir de ce côté depuis le saut du train. Je ne pouvais qu'imaginer à quoi je devais ressembler pour tout passant malchanceux. Des blessures sanglantes, suintantes, non cicatrisées. Plus de deux semaines de barbe sale et de vêtements déchirés.

J'avais presque fini de traverser le Luxembourg avant de rencontrer quelqu'un. Je marchais sur un sentier lorsque j'entendis des bruits de pas venant vers moi. Je m'arrêtais. Je me mis à genoux et fit semblant de nouer mes lacets. J'espérais que l'étranger passerait à côté de moi. Ma chance avait tenu un jour de plus. Il est passé devant moi sans même me remarquer.

Après cette rencontre, j'apercevais régulièrement des paysans au loin, mais lorsque je les voyais en premier, je faisais tout pour les éviter. Cela faisait maintenant dix-neuf jours que j'avais sauté de ce train, et je passais enfin en Belgique. Il m'avait fallu huit jours de marche pour traverser le Luxembourg. Un homme ordinaire pourrait le traverser en moins de deux jours. Compte tenu de ma situation, j'étais satisfait de mes progrès.

TRAQUÉ COMME UN ANIMAL

J'étais en Belgique depuis trois jours déjà. Il me restait un canal à traverser avant l'aube. J'y entrais en pataugeant lentement, comme si j'étais sur le point de prendre un bain. J'entendis un soldat allemand crier. Je regardai par-dessus mon épaule et je vis qu'il me pointait du doigt. *Merde.*

Je couru sur la rive aussi vite que possible et je plongeai dans le canal, nageant pour sauver ma vie. J'atteignis l'autre côté et je repérai un petit groupe de buissons. Je me glissais dans mon nouvel abri et je m'y installai aussi confortablement que possible. J'attendais. Mon cœur battait contre ma poitrine à un rythme rapide. J'essayais de contrôler ma respiration. J'avais décidé de camper ici et d'attendre que ça passe. J'avais entendu les Allemands passer plusieurs fois, mais ils ne s'étaient pas approchés pas de ma cachette. J'étais en sécurité pour le moment.

Je compris que je devais changer de cap, même si cela allait me faire faire un large détour. Si je continuais vers le nord, ils me rattraperaient sans aucun doute. Je marchai vers l'ouest pendant quatre jours. J'étais encore faible et je faisais à peine 8 kilomètres par jour. J'avais évité les routes et traversais les marécages, les bois, les champs de choux et de blé. Ma priorité était la dissimulation. La nourriture était ma seconde.

J'étais arrivé au bord de la Meuse, quelque part entre Huy et Namur. Je m'étais assis dans l'herbe et j'avais croisé mes jambes. Je regardais l'autre rive et pour la première fois, j'envisageai d'abandonner. Cette rivière était large d'au moins 800 mètres. Si j'avais été en bonne santé, je l'aurais traversée à la nage sans problème. En regardant cette rivière, j'avais l'impression de devoir traverser l'Atlantique à la nage. Je regardais autour de moi pour trouver un morceau de bois. Quelque chose qui pourrait supporter mon poids. Peut-être que je pourrais flotter dessus ?

Il n'y avait de bois nulle part. Je n'avais pas d'autre choix que de la traverser à la nage. Je pataugeais aussi loin que je pu jusqu'à ce que je sois obligé de nager. Il semblait qu'une heure s'était écoulée et j'étais toujours en train de nager. Je vis que la rive opposée était à moins d'une centaine de mètres. Je haletais, je m'étouffais. Mon corps entier était épuisé. Je coulais, j'essayais de sentir le fond avec mes pieds. L'eau était encore trop profonde.

Je fermai les yeux et priai. Je rassemblai toute la force intérieure que je encore avoir. Je frappai l'eau de mes bras, l'un après l'autre, tirant, nageant comme un chien. Je sentis la boue sous mes chaussures. Je trainais mon corps endolori et tremblant sur la rive opposée de la rivière. Mes mains tremblaient si violemment que je n'arrivais pas à m'agripper à l'herbe pour m'extraire de l'eau.

Je poussais, poussais et rampais frénétiquement. J'étais sur la terre ferme. Et là, je tombais dans les pommes.

Je ne sais pas combien de temps je suis resté allongé là. Peut-être deux heures, peut-être plus. La pluie battant contre mon visage me réveilla. Il faisait jour maintenant, et j'étais étendu sur la rive, comme mort. J'étais exposé à la vue de tous. Je devais me lever et m'éloigner. À tout moment, un bateau pouvait passer et me découvrir. C'était tout aussi dangereux d'essayer de voyager. Je trouvai un abri et une cachette dans des arbustes à proximité. J'y passais toute la journée au soleil, sans boire ni manger.

Cette nuit-là, j'ai réalisé que j'avais de la fièvre. Je délirais et j'avais recommencé à me parler à moi-même. Quand je me réveillais dans un intervalle de lucidité, j'avais des frissons dans tout le corps. Je pensais que ma fin arriverait bientôt. Après ce qui m'a semblé être des heures de débat intérieur, dans la campagne belge silencieuse, mon bon sens est revenu. Je marchais sans rien dire.

J'avais besoin de nourriture. J'étais au bout du rouleau et j'avais envisagé de m'allonger, de rester là et d'abandonner. Pourquoi les choses empiraient-elles au fur et à mesure que j'avançais ? De toute façon, comment allais-je traverser ces barbelés électriques lorsque je serais entre la Belgique et la Hollande ? N'allaient-ils pas juste me capturer à nouveau ?

J'essaierais encore une chose avant d'abandonner. C'était un geste audacieux et dangereux. J'allais marcher jusqu'à une maison et trouver de la nourriture ou mourir en essayant. Je repérai une maison plus petite. J'espérai que comme elle était anodine, il y aurait moins de chance que des soldats allemands y soient logés.

Je ramassai une pierre lisse et lourde et l'entourai de mon mouchoir. Cela devrait faire l'affaire pour une arme en cas de besoin. Je pompai au puits dans la cour, mais il ne fonctionnait pas. Je marchai jusqu'à la maison et je frappai à la porte. Une vieille dame regarda par la fenêtre. Il était minuit passé, son regard et son visage exprimaient la terreur. Elle cria et se couvrit la bouche. Un vieil homme et un garçon ouvrirent la porte.

Je montrais mon pardessus, puis le ciel. Ils ne comprenaient pas l'anglais et je ne parlais pas le flamand. Je me suis rappelé le mot pour pilote, et je répétais *fleger* encore et encore. Je ne sais pas s'ils comprenaient ou s'ils étaient simplement terrifiés pour leur vie, mais ils me laissèrent entrer.

Il devait être un vieil homme courageux pour me laisser entrer dans sa maison. Je suis sûr que j'étais la créature la plus hagarde et la plus dégoûtante qu'ils aient jamais vue. Mes vêtements étaient ensanglantés, mouillés et déchirés. La doublure de mon pantalon était déchirée, et je ne m'étais pas rasé depuis plus d'un mois. Je toussais, j'avais de la fièvre et dans ma main pendait la pierre enveloppée dans mon mouchoir.

Ils me donnèrent pourtant le premier repas chaud depuis le camp de prisonniers de Courtrai. C'était un mélange de pommes de terre chaudes dans du lait. C'était le repas le plus délicieux que j'aie jamais mangé. Cette soupe au lait avait été cuite dans le pot le plus sale que j'ai jamais vu. Je demandai du pain par des signes de la main, mais la vieille femme secoua la tête. Je ne sais pas si c'est parce qu'elle ne voulait pas partager ou s'ils n'en avaient pas. J'avalais les pommes de terre sans les mâcher et je buvais bruyamment verre d'eau sur verre d'eau.

La vieille femme me regardait avec curiosité. Elle avait plus de soixante-dix ans et avait probablement porté des sabots de bois toute sa vie. Elle avait une callosité sur son pied de la taille d'un franc. Elle semblait si dure qu'elle devait résister à un marteau et à un clou.

Je restais assis là pour me sécher. Je n'étais pas pressé de partir. C'était le premier contact humain que j'avais eu en quatre semaines. Je pensais à la façon dont la nature avait habillé ces créatures moins fortunées mieux que moi. J'étais un animal traqué. Les choses ne feraient qu'empirer à partir de là. Je crois que c'est la première nourriture chaude depuis plus d'un mois qui m'avait donné cet élan de philosophie.

Je montrai mes vêtements mouillés et en lambeaux dans l'espoir qu'ils auraient un vieux costume ou au moins quelque chose de sec que je pourrais porter. Il semblait qu'ils étaient trop pauvres pour avoir plus que ce dont ils avaient besoin pour eux-mêmes. Je n'ai pas insisté sur la question. Je me suis levé pour partir. Je suis passé devant un miroir et je m'arrêtai. J'étais un spectacle terrifiant. Je me faisais plus peur que si j'avais vu un casque allemand à pointes. Mon œil gauche guérissait et ma vue, bien que floue, revenait. Mais le reste de mon corps ressemblait à un Père Noël ivre et meurtrier.

Je les remerciai en sortant et leur indiquai la direction opposée à celle que je comptais prendre - au cas où. Je partis dans cette direction et fis demi-tour pour m'assurer qu'il n'y avait aucune chance de poursuite.

Le lendemain, en raison de l'exposition et de l'épuisement, je décidai de me débarrasser de mon manteau. Je me suis dit que moins j'aurais à porter, mieux je me porterais. Quand la nuit froide arriva, je réalisai que j'avais fait une erreur. J'ai pensé me lever et revenir sur mes pas pour aller le chercher, mais je changeai d'avis.

Je me débarrassai de tout ce qui était dans mes poches. Je jetai ma montre-bracelet dans le canal. Elle n'ajoutait pas de poids supplémentaire, mais après un mois de trajets sans nourriture suffisante, elle était devenue lourde. Après ça, je jetai mes moufles. Mes amis s'étaient moqués de moi en appelant mes moufles des *raquettes à neige* parce qu'elles avaient l'air si ridicules. Que diraient mes amis maintenant que je les avais enterrées dans un trou de boue. Je portais mes deux chemises qui restaient humides et qui ne réussissaient pas à me tenir chaud. Elles étaient toutes les deux kaki, mais j'en avais acheté une en France et l'autre aux États-Unis. Je jetais la chemise française car elle avait plus de chances de me faire remarquer comme un combattant ennemi en territoire hostile.

J'avais toujours ma casquette rouge du bavarois. Je la gardais dans ma poche et la portais occasionnellement la nuit. J'avais fait attention à ce que personne ne puisse la voir. Ça marchait bien quand je traversais des canaux et des rivières. Je pouvais y mettre ma carte et d'autres petites choses pendant que je traversais la rivière à la nage. J'avais prévu de la ramener chez moi comme souvenir. Mais j'étais déterminé à me débarrasser de tout ce qui représentait un poids supplémentaire. Je l'enterrai donc dans un trou boueux, avec beaucoup moins de cérémonie que mes moufles.

Mon expérience de la nourriture chaude m'a ouvert

l'appétit pour plus. Je me disais que ce serait facile de réessayer. Je savais que tôt ou tard, je tomberais sur un Allemand au lieu d'un Belge et que je devrais me battre pour m'en sortir. Mais j'avais besoin de nourriture. Je tuerais pour ça s'il le fallait. Heureusement pour moi, la plupart des Belges que auprès de qui j'avais mendié après avoir frappé à leur porte m'avaient donné quelque chose à manger. Je ne sais pas si leur motivation était due à la peur de ce que je leur ferais ou si les Allemands les abattraient pour leurs actions.

Le cinquième jour après mon entrée en Belgique, je me reposais dans un massif d'arbustes, comme d'habitude, en attendant la nuit. Au loin, je voyais quelque chose en train de sécher sur un fil à linge. J'attendis toute la journée, en écarquillant les yeux pour voir ce que ça pouvait être. J'espérais que ce serait encore là quand la nuit tomberait.

Cette nuit-là, je rampai vers le fil à linge. Je fus récompensé par une paire de salopettes. Je les enfilais immédiatement et elles m'allaient comme si elles avaient été faites sur mesure pour moi. Je décidais de trouver d'autres vêtements au cours de mon voyage en Belgique. S'introduire dans des maisons la nuit et chercher de la nourriture et des vêtements était une idée dangereuse. J'étais désespéré. Je tenterais ma chance et ferais face aux conséquences. Les foyers belges comprenaient des familles nombreuses. Il pouvait y avoir neuf ou dix personnes endormies dans une pièce. Les granges étaient généralement reliées d'une manière ou d'une autre à la maison principale. Sans compter que je courais le risque de surprendre un animal stupide qui pourrait faire du bruit et réveiller toute la maisonnée.

Ma recherche de nourriture consistait à parcourir les arrière-cours la nuit dans l'espoir de trouver des restes de nourriture. J'avais rarement du succès. Je décidai qu'il valait mieux vivre de légumes crus dans la sécurité des champs. Ainsi que tout ce que je pouvais subtiliser aux paysans belges pendant la journée.

En plus de nourriture, j'avais besoin de vêtements. La nuit suivante, je choisi une maison qui pourrait me convenir. Le clair de lune illuminait une grange et une allée. Cette grange était reliée à la maison principale. J'y entrai et je tâtonnai dans le noir. Je senti quelque chose d'accroché à un clou. Je le sorti à la lueur du clair de lune pour l'examiner. C'était un vieux manteau. Il était un peu serré aux épaules et beaucoup plus court que mon précédent pardessus, mais il dissimulait entièrement mon uniforme britannique.

Je décidai qu'il était temps de me séparer de mon uniforme du Royal Flying Corps. Je l'avais littéralement porté contre vents et marées. J'avais l'impression d'abandonner un vieil ami mais je creusai un trou pour l'enterrer. J'avais pensé à garder mes ailes, mais si j'étais recapturé, ce serait le seul signe évident que j'étais suis un pilote. Je décidai alors d'enterrer mes ailes dans la tombe avec mon uniforme.

J'avais remarqué qu'il y avait peu de chiens lors de mes randonnées en Belgique. Les Allemands ont enlevé la plupart d'entre eux, et ceux qu'ils avaient laissés derrière eux étaient trop vieux pour aboyer ou être dérangés par des intrus. Cela jouait en ma faveur, car j'aurais fait du bruit en traversant les jardins.

La nuit suivante, je sorti d'une cour. Il faisait si sombre, je ne pouvais pas voir mes mains devant mon visage. Je ne le savais pas à l'époque, mais j'étais dans un petit village. Je me laissai tomber sur le sol pour ramper. J'espérais éviter les sentinelles allemandes. J'avançais à la vitesse d'un escargot sur mes coudes et mes genoux. En moins de cinq mètres, j'aperçus ce redoutable casque à pointe sur la tête d'un garde allemand assis devant un petit magasin. Je ne pouvais pas traverser la rue. J'ai dû ramper et revenir sur mes pas. Cela m'avait coûté plus de deux heures de temps et d'efforts. Je faisais marche arrière dans la nuit, en maudissant les Allemands à chaque pas.

La nuit suivante, en traversant un champ, j'arrivai à une route. La route était pavée de pierres et semblait être une voie de circulation principale. On pouvait entendre un cheval ou un chariot à des kilomètres à la ronde sur ce genre de routes. J'écoutai un peu et je n'entendais rien. Je décidais que la voie était libre et j'ai continué. Quand j'ai atteint la fin du champ, je me suis arrêté net. Le souffle quitta mon corps comme un coup de poing à l'estomac, et mon cœur s'emballa. Je pouvais voir des hordes de soldats allemands dans toutes les directions.

Je me suis accroupi et j'ai reculé lentement. Je me demandais pourquoi il y avait tant de soldats allemands dans cette partie de la Belgique. Je n'ai pas perdu de temps à essayer de comprendre. Je suis vite sorti de là. Je changeais à nouveau changer de cap et je perdis un temps précieux sur un autre détour. J'étais désormais habitué à ces revirements de situation. Je l'avais accepté comme un fait et je continuais à avancer. Je m'étais habitué à la stimulation. Si une nuit se passait sans danger immédiat, j'étais déçu.

La nuit suivante, j'arrivais à un autre canal. Je me

préparais à le traverser à la nage lorsque je remarquai un petit bateau amarré sur le côté. C'était un endroit isolé, et je ne comprenais pas pourquoi un bateau se trouvait là. Je rampai autour d'un arbre pour avoir une meilleure vue. Je vis cinq hommes traverser les champs. Je les suivi à bonne distance. Il ne m'avait pas fallu longtemps pour comprendre ce qu'ils cherchaient. Ils volaient des pommes de terre.

Les pommes de terre sans moyen de les cuire ne m'étaient d'aucune utilité. Mais le bateau me servirait très bien. J'attendis que les hommes soient au bout du champ et je me rendis à l'arrière du bateau. Je n'essayais même pas de me cacher. Je savais que les hommes seraient occupés dans les champs pendant un bon moment.

Je m'éloignais de la rive dans le petit bateau et la silhouette d'un soldat allemand se détacha sur le ciel étoilé. Un sentiment d'effroi m'arrêta net. Je me baissai et continuai sans me faire remarquer. Soit le soldat ne m'avait pas vu, soit il pensait que j'étais un des voleurs de pomme de terre. J'avais compté sur ma bonne étoile et je pris la résolution à l'avenir de ne rien tenir pour acquis.

L'ERRANCE EN BELGIQUE

J'avais maintenant pris l'habitude de traverser des canaux, des rivières et des marécages. Le pire, c'étaient les petits fossés qui avaient été creusés partout. Ces fossés étaient trop larges pour être traversés en sautant et trop étroits pour nager. Je n'avais pas d'autre choix que de la traverser en pataugeant. Ils étaient généralement du même acabit. Un mètre d'eau sur de la boue. J'aurais pu essayer de les sauter si ma cheville ne me faisait pas mal et si j'avais été en meilleure santé.

Une nuit, je suis arrivé devant un fossé qui faisait facilement 3 mètres de large. J'ai rassemblé la force de le sauter. La boue et l'eau froide des fossés devenaient insupportables. Je reculai pour me donner de l'élan et je me lançais. Je sautai avec tout ce que je pouvais rassembler d'énergie, mais je n'ai pas réussi. J'ai manqué l'autre côté d'au moins 15 cm. J'ai atterri durement dans la boue et l'eau. J'étais couvert de cette boue crasseuse et j'ai dû attendre qu'elle sèche pour la gratter.

La partie de la Belgique que j'ai traversée était pleine

de marais et de terrains marécageux. Au lieu d'essayer de trouver un chemin plus propre et meilleur, je me suis contenté d'avancer. Cela m'a considérablement ralenti et, au vu du bruit que je faisais en marchant , je suis sûr que j'avais alerté la plupart des habitants de la campagne belge de ma présence.

J'avais remarqué plusieurs fois une vache et un âne attelés ensemble pour tirer un chariot. La première fois que j'avais vu cela, j'étais confus et je pensais que c'était un âne et un taureau ou un bœuf. Mais ils utilisaient vraiment des vaches pour tirer les chariots. Les Allemands avaient pris presque tous les chevaux et c'était maintenant aux vaches et aux ânes de faire le travail des mules et des chevaux. Pendant les presque deux mois passés à errer en Belgique, je n'ai vu qu'une poignée de chevaux.

Le caoutchouc était aussi rare en Allemagne. J'ai remarqué que leurs camions n'avaient pas de pneus en caoutchouc. Ils utilisaient des bandes de fer lourdes à la place. Cela me permettait de les entendre gronder sur les routes pavées des kilomètres à l'avance. Ces routes pavées étaient bien construites et allaient durer des siècles. Je compris soudainement. C'est ainsi que les Allemands avaient pu avancer si rapidement en Belgique au début de la guerre.

J'avais imaginé d'essayer de trouver un chien comme compagnon. Peut-être que je pourrais voler l'un des rares qui restaient ? Le chien pourrait aussi m'aider si je me battais. Mais je ne pourrais pas le nourrir, et il mourrait probablement de faim. Je pouvais vivre des légumes des champs qui étaient maintenant abondants. Un chien ne pourrait pas. J'abandonnai cette idée stupide et je continuai seul.

J'avais lu quelque part qu'on pouvait faire du feu en frottant deux morceaux de bois sec. Je n'avais jamais mis cette idée en pratique. Je décidai que l'idée était stupide. Même si j'avais des allumettes, je n'avais rien à cuisiner ni aucun ustensile pour le faire. L'air était frais la nuit. Je marchais à un rythme soutenu et, bien que je me reposasse pendant la journée, le soleil était généralement présent. Sans compter que faire un feu en Belgique, l'un des pays les plus peuplés d'Europe, ne pouvait qu'attirer l'attention.

Je traversai un village après l'autre. Ils étaient si proches les uns des autres qu'une heure à peine s'écoulait avant que j'entende les cloches sonner. Chaque village semblait avoir sa propre église. J'avais même pu entendre deux cloches sonner en même temps dans deux villages différents.

Je ne me souciais pas de l'heure. Mon plan était de voyager aussi vite que possible de l'aube au crépuscule et de couvrir autant de terrain que possible du soir au matin. Pendant la journée, j'avais deux préoccupations : rester hors de vue et me reposer autant que possible.

Ma principale source de nourriture était les petites têtes de choux que les paysans n'avaient pas récoltées. Toute ma force et mon endurance étaient puisées dans ces légumes denses et amers. Si je me sortais de ce pétrin, je ne poserais jamais plus les yeux sur les choux. Il en était de même pour les betteraves à sucre, les navets et les carottes. Auparavant, l'odeur du chou me donnait la nausée. Maintenant, ma vie dépendait d'eux.

Chaque nuit, je cherchais de la nourriture comme un animal sauvage. Je rêvais de trouver du céleri ou des tomates. Je n'ai jamais été aussi chanceux, sauf une fois.

J'avais trouvé un champ plein de céleri et je m'étais assis pour manger. Mes poches débordaient de branches de céleri. Cela m'a rendu malade pendant des jours, mais ça en valait la peine.

Je restais attentif à la recherche d'arbres fruitiers. Il était déjà trop tard dans la saison pour les fruits, mais j'avais tout de même trouvé une seule fois deux poires dodues dans un arbre, attendant d'être cueillies. Les étangs que je passais grouillaient de poissons de toutes sortes. Je les voyais sauter au clair de lune ou nager lorsque l'eau était claire au petit matin avant de trouver ma cachette pour la journée. Il serait simple d'installer un hameçon et une ligne. Mais comment les cuisiner ? C'était inutile. Peut-être que si j'avais été un meilleur homme des bois...

Lors d'une nuit particulièrement désolée, je traversai une partie de la Belgique qui n'était pas cultivée et qui était à ciel ouvert. Je dirais que ça représentait environ 20 kilomètres sans passer par un champ ou une maison. Ma ration de choux était presque épuisée, et il m'en fallait plus. L'étoile polaire brillait et ouvrait la voie vers la Hollande et la liberté, mais le chemin passait par des pâturages secs. Un faible tintement de cloches venant de l'ouest et de l'est annonçait des villages, des fermes et des légumes. L'étoile polaire semblait me supplier de la suivre. Ce que je fis.

À l'aube, je n'avais plus de navets, de choux ni de carottes. Rien à manger. Je devais me trouver une cachette de repos pour la journée. Je songeais à demander de la nourriture au premier paysan que j'allais rencontrer, mais mon instinct me mis en garde. Je suis resté sans nourriture pendant toute la journée.

C'était une chose stupide à faire. Les grondements d'estomac et les douleurs de la faim m'empêchaient de dormir profondément. Je fermais les yeux et m'assoupissais pendant une demi-heure en rêvant de liberté. Puis je me réveillais à la triste réalité de mon environnement. Le sol dur sous mes pieds. La faim qui me tenaillait et l'idée que je ne reverrai jamais la maison. Je forçais mes yeux à se fermer et je m'allongeais, les bras croisés sur ma poitrine. Les rêves arrivaient rapidement, comme si je revoyais ma vie dans un film muet.

Le visage de ce pilote bavarois que j'avais renvoyé à son créateur défilait devant moi. Je pouvais voir mes balles traçantes se rapprocher lentement de sa tête. Je me réveillai en sursaut et m'asseyais en transpirant. Je serrais et desserrais les poings. Je me disais que c'était juste un mauvais rêve. Je me demandais si j'étais déjà mort. Était-ce cela l'enfer ?

Cette nuit-là, je me suis levai plus tôt. La faim était insupportable. J'avais besoin de nourriture, et les légumes n'allaient pas suffire ce soir. Je décidai de trouver une maison et de la nourriture chaude. Je tenterais ma chance.

Je suis arrivé dans une petite maison belge. Une fois de plus, je ramassai une pierre lourde et l'enveloppai dans mon mouchoir. Je n'aurais aucun problème à l'utiliser comme une arme, si c'était ce que la situation exigeait. Après tout ce que j'avais traversé, ma liberté valait n'importe quel prix.

Je frappai doucement. Un homme d'une quarantaine d'années ouvrit la porte et me demanda ce que je voulais en flamand. Je secouai la tête et montrai ma bouche et mes oreilles. J'essayai de lui faire croire que j'étais sourd et muet. J'ouvris et ferma ma bouche plusieurs fois, en mâchant l'air pour faire passer mon message que j'avais besoin de nourriture.

Il me fit entrer et me fit asseoir dans la pièce qui n'avait qu'une seule chaise. Il plaça une assiette avec un couteau et une fourchette devant moi. Il remplit mon assiette de pain rassis et de pommes de terre froides. Il utilisa son petit poêle à pétrole pour faire chauffer du lait. Je mangeai comme un homme désespéré qui n'avait jamais vu de nourriture avant. L'homme me regardait avec curiosité. Avant que je n'aie fini, il me toucha l'épaule et, dans un anglais approximatif, il me dit : « Vous êtes anglais, je le sais. Vous me comprenez ? » Son visage affichait un sourire authentique et digne de confiance. Je sentais que je pouvais lui faire confiance.

« Oui, mais je suis un Américain », lui répondis-je.

Il me jeta un regard compatissant et remplit ma tasse de lait. J'ai été bouleversé par sa gentillesse et sa volonté de m'aider. Je savais que les Allemands le tortureraient et le tueraient s'il était pris à aider un prisonnier de guerre américain en fuite.

Après avoir terminé mon repas, je lui ai parlai de mon évasion et de mes projets pour l'avenir.

« Tu ne sortiras jamais de Hollande », affirma-t-il. « Tu vas avoir besoin d'un passeport. Plus tu te rapprocheras du front, plus tu rencontreras d'Allemands. »

Je lui demandai s'il avait une idée sur la façon dont je pourrais obtenir un faux passeport. Il se frotta le menton avec la paume de sa main et m'étudia pendant plusieurs minutes. Je pense qu'il voulait s'assurer que je n'étais pas un espion allemand. Ses yeux s'éclairèrent, et on aurait dit qu'il avait décidé en ma faveur.

« Contacte cet homme - Johannes Depoortere. » Il me montra sur ma carte où se trouvait le village de l'individu. « Quand tu arrives dans son village, va chez le boucher. Il n'aime pas les Allemands et il t'aidera à sortir de Belgique. »

Il me conduisit à la porte de sa petite maison, et je le remerciai une fois de plus. Je lui ai dit que je le rembourserai un jour pour sa gentillesse et son aide. Il répondit qu'il ne voulait rien en retour. Il me donna son nom, que je gravai dans ma mémoire - André Desramaults. Je n'oublierai jamais le courage et la compassion dont André fit preuve ce soir-là. J'étais déterminé à le retrouver et à lui rendre sa gentillesse à la fin de la guerre.

AFFRONTEMENT AVEC LES SOLDATS ALLEMANDS

Avoir besoin d'un passeport compliquait une situation déjà compliquée. Les engrenages de mon cerveau travaillaient pour comprendre comment cela devait fonctionner. Que ferais-je si je rencontrais un soldat allemand sans passeport ?

Je décidai d'être plus prudent. Même si j'avais maintenant des vêtements civils, j'avais pris l'habitude de commencer quelques heures avant le crépuscule et de marcher un peu plus longtemps que je ne le devrais pendant la journée. À partir de maintenant, plus de risques inutiles.

Cette nuit-là, j'arrivai à une rivière. Elle faisait environ 60 mètres de large. Je me préparais à traverser à la nage quand je vis une barque attachée à la rive. Elle était plantée dans la berge molle. Je la dégageai et je grimpai dedans. Je m'arrêtai net. Cette rivière n'était pas sur ma carte. Je n'avais aucune idée de l'endroit où cette rivière allait me mener. Je sautai de la barcasse et décidai de continuer à pied.

Je fis plusieurs kilomètres cette nuit-là. Avant le jour, j'avais trouvé un endroit sûr dans des buissons pour passer la journée. De ma cachette, je pouvais voir un bois épais et dense à une courte distance. Même si j'avais décidé d'être plus prudent, je pouvais gagner plusieurs kilomètres en prenant de l'avance. Je me rassurais que voyager dans ces bois serait sûr.

Après avoir passé quelques heures à déambuler dans les bois, je suis arrivé à un passage à niveau. Je scrutai dans les deux directions pour repérer toute menace possible. Je ne voyais ni soldats, ni trains. Je traversai hardiment les voies ferrées et je continuai mon chemin.

J'arrivai dans une clairière avec une petite maison. Un vieil homme était à quatre pattes et travaillait dans un jardin. Je décidai de lui demander de la nourriture. Je me suis dit que tous les autres habitants de la maison étaient probablement aussi vieux et ne feraient pas le poids face à moi. Je frappai à la porte. Une vieille femme qui avait l'air d'une centenaire, ouvrit la porte.

Nous ne pouvions pas nous comprendre, comme d'habitude. Je fis de mon mieux, par des gestes, pour lui faire comprendre que je voulais manger. Elle sortit et appela son mari avec la voix d'une sirène de police. Le vieil homme se précipita vers nous et me fit entrer. Ils me donnèrent un morceau de pain rassis - un tout petit morceau - et je leur en fut reconnaissant.

Ils vivaient dans une petite maison qui n'avait que deux pièces. Une cuisine et une chambre. Si je n'ai pas regardé dans la chambre, j'avais remarqué que la petite cuisine était dominée par une grande cheminée. J'ai essayé de faire comprendre au vieux couple que je souhaitais passer la nuit dans leur maison. Mais ils ne voulaient pas. Le vieil homme secoua la tête et désigna la porte. Je comprenais et je les remerciai pour leur hospitalité avant de disparaître dans les bois.

Je rencontrais de plus en plus de gens alors que la densité de la population augmentait. Selon les indications d'André, je me rapprochais de Johannes et de la boucherie du village où je pourrais obtenir mon passeport. Je rencontrais village après village. J'essayais de les éviter, mais je ne ferais jamais de progrès si je les contournais tous. Pour faire un kilomètre, je devais en faire trois à cause des détours. J'avais décidé de tenter ma chance en traversant le village suivant.

En m'approchant, j'avais croisé une douzaine de paysans qui se promenaient. Je n'avais pas essayé de me mêler à eux de peur d'éveiller les soupçons. Non seulement je ne pouvais pas communiquer avec eux, mais l'un d'eux pouvait être assez perfide pour me livrer aux Allemands dans l'espoir d'une récompense.

Selon l'horloge de l'église, il était 21 heures. Devant moi se trouvait un poste de police belge. Je pouvais le reconnaître grâce à ses lumières rouges. Juste en face, il y avait deux soldats allemands appuyés sur un vélo.

Je m'arrêtai dans mon élan. Ma gorge se serra, et l'adrénaline pulsait dans mes veines. Je savais que si je faisais demi-tour, ils auraient des soupçons. Si je traversais la rue pour les éviter, ils se méfieraient. J'étais piégé. Je n'avais pas le choix. Je devais passer devant eux comme s'ils étaient invisibles. Je rassemblai tout le courage que je pouvais et continuais à marcher en me rapprochant d'eux. Mon cœur battait comme un tambour dans ma poitrine. Chaque pas semblait être au ralenti. Mes sens étaient en alerte. J'avalai douloureusement et je crus entendre l'écho de ma déglutition.

J'étais à trois mètres. Un mètre cinquante. Quelques pas de plus.

Ils ne me regardaient pas. Je passai juste à côté d'eux. J'entendais leurs voix et leurs conversations, même si je ne les comprenais pas. Je marchai plus vite en les laissant derrière moi. J'essayai de faire un effort conscient pour ralentir et maintenir une vitesse régulière afin de ne pas attirer une attention non désirée. J'étais exalté. J'avais une fois de plus déjoué l'ennemi.

Ma confiance montait en flèche. Mon déguisement de paysan belge avait fonctionné. Je pourrai peut-être passer à côté des troupes allemandes en Hollande et retrouver la liberté. Si seulement je pouvais trouver un moyen d'éviter toute question et de ne pas avoir à donner ma nationalité, je serais en sécurité. En marchant, je fredonnais l'un de mes airs préférés de notre aérodrome d'Ypres.

J'étais capable de faire plus de 4 kilomètres à l'heure dans mon nouvel état d'esprit invincible. J'arrivai dans un autre village. J'essayais généralement de contourner tous les villages que je rencontrais. J'utilisais les champs, les bois, les arrière-cours et tout ce qui pourrait me permettre de me déplacer en toute sécurité. Mais j'étais en pleine forme. Je décidai de tenter à nouveau ma chance. Je veux dire, qu'est-ce qui pourrait arriver ? J'avais déjà été plus malin qu'un trio de soldats allemands aujourd'hui.

J'arrêtai de fredonner mais je marchais hardiment vers le centre du village. J'avais fait quelques centaines de mètres lorsque je vis un autre trio de soldats allemands se tenant sur le trottoir. Mon cœur battait la chamade, et un frisson parcouru mon corps. Je continuai à marcher. J'allais faire exactement ce que j'avais fait plus tôt, et tout fonctionnerait bien. J'avais tort.

J'étais à quelques mètres d'eux quand l'un des soldats descendit du trottoir et cria « Halte ! »

Je me figeais sur place. Je ne sentais plus aucune partie de mon corps. Une vague d'effroi me traversa. J'étais pris. Tout ce que j'avais enduré jusqu'à présent n'avait servi à rien. J'étais dégoûté. Quel risque stupide j'avais pris en traversant ce village. Pourquoi n'ai-je pas fait le tour ?

Le soldat marchait vers moi. J'avais un morceau de pain dans une poche et une gourde d'eau dans une autre. Je lui montrai les deux pour qu'il puisse voir que c'était tout ce que j'avais. Il me fouilla. Qu'allait-il faire ? Me mettre en état d'arrestation et me conduire au poste de garde ? Me tirer dessus juste là au milieu de la rue ?

C'était mon devoir de résister. Qu'est-ce que je pouvais faire ? Je n'étais pas armé et il y avait deux autres soldats allemands à quelques mètres de moi. Puis une pensée brillante m'apparut. Ce soldat croyait que j'étais un paysan belge. Il me fouillait pour voir si j'ai volé ou passé des pommes de terre en contrebande.

Les civils belges n'avaient droit qu'à un certain nombre de pommes de terre. Il était contraire à la loi allemande de faire du troc avec des légumes de toute sorte sans supervision allemande. Certains Belges courageux achetaient ou volaient des pommes de terre dans les campagnes et les introduisaient en douce dans les villes pour un bon prix. Juste sous le nez de leurs supérieurs allemands.

Afin de mettre un terme au piratage des pommes de terre, les soldats allemands fouillaient régulièrement les Belges à la moindre occasion. Ces trois Allemands devaient penser que j'étais un voleur de pommes de terre. Le soldat m'avait fouillé à fond. Il n'avait rien trouvé. Pas de pommes de terre. Il m'a dit quelque chose en allemand que je ne compris pas. D'autres paysans belges s'approchaient, et il marcha vers eux. Je tentais ma chance en espérant qu'il m'avait dit que je pouvais y aller.

Je fis deux pas en avant. Je jetai un coup d'œil rapide par-dessus mon épaule. Le soldat qui m'avait fouillé avait rejoint ses camarades sur le trottoir. Je fis un autre pas en avant, puis un autre et je disparu finalement dans l'obscurité des bois.

L'aplomb que j'avais ressenti plus tôt avait disparu. Je m'en étais bien sorti. Mais à peine. Et si ce soldat m'avait interrogé ? Et si ma ruse de sourd-muet n'avait pas fonctionné pas avec lui ? S'il avait fouillé mes vêtements, il y aurait eu une douzaine de choses qui auraient pu établir mon identité.

Je continuais, en pensant à l'importance du passeport maintenant. J'avais besoin de quelque chose pour passer tous les points de contrôle allemands que j'étais certain de rencontrer plus tard. Je me suis demandé si je devais essayer d'entrer dans le village suivant cette nuit-là. Je décidai de continuer et de me rendre chez ce « boucher » le plus tôt possible pour ce passeport.

Au loin, il y avait un lampadaire. En dessous, je pouvais voir les contours de trois soldats allemands. Je ne pouvais pas me tromper, c'étaient des casques à pointes. *Merde ! Pas encore.* Que devais-je faire ? Je ralentis mon rythme. Je me creusais la tête pour trouver le meilleur plan d'action. Aurais-je encore de la chance ? Pourrais-je passer pour un voleur de pommes de terre ou un paysan banal ?

Un groupe de femmes belges me dépassa, et je les rejoignis. Je me mêlai à elles dans l'espoir de faire croire que je faisais partie de leur groupe. Nous nous sommes approchâmes des soldats allemands. J'avais l'impression d'entrer dans la gueule du loup. J'essayai de ne pas regarder leurs casques à pointes. Je préférais tenter ma chance contre ces Allemands dans le ciel plutôt que sur terre. Au moins là-haut, j'avais une chance. D'en bas, j'étais condamné. Je ne pouvais compter que sur une chance aveugle pour m'aider maintenant.

Nous avions commencé à passer les gardes. Je portai mon mouchoir à mon visage. J'essayai d'imiter la démarche d'un paysan belge. Ça avait marché. On était passé devant les gardes. Ils n'avaient pas fait attention à nous. J'ai eu soudain envie de m'agenouiller pour montrer ma gratitude aux cieux pour cette chance inouïe.

Quelques heures plus tard, j'entrais dans le village où j'allais pouvoir trouver Johannes et obtenir mon passeport. J'avais besoin de localiser cette boucherie. André m'avait donné de bonnes indications et une description claire de la rue. Je suivi ses instructions de près. En dix minutes, j'avais trouvé un des points de repère qu'il m'avait décrits.

Je me tenais devant la boucherie. C'est ici que je trouverais de l'aide. Ce passeport me guiderait à travers les épreuves qui m'attendaient encore. Grâce à cette connexion, j'atteindrais la Hollande et la liberté.

Je frappai à la porte.

MON FAUX PASSEPORT

Je me présentai à Johannes. Je lui racontai mon histoire, comment j'avais rencontré André et comment j'avais trouvé le chemin vers sa boutique. Il sourit et m'invita à entrer. Ça semblait trop facile. Mon estomac se tortillait de façon désagréable. Quelque chose allait de travers ? Ou étais-je si fatigué que je ne pouvais pas penser clairement ?

Johannes parlait couramment anglais. Je pouvais enfin converser avec quelqu'un sans faire de signes de la main et de ridicules gestes. Sa boucherie était pleine de morceaux de choix et la vitrine était remplie de spécialités locales. J'en avais l'eau à la bouche. Il me dit de choisir ce que je voulais. Il revint avec une chemise de nuit, une bouteille de vin et un morceau de viande rôtie. Il m'écouta attentivement et m'interrompit à plusieurs reprises pour exprimer sa sympathie. Je louchai sur la bouteille de vin, mis la blouse sur mon épaule et me rua sur la viande comme un homme possédé. J'engouffrais des morceaux de viande dans ma bouche, que je faisais couler avec des gorgées de vin, tandis que je continuais à raconter mon histoire.

« Je vais t'aider », dit Johannes. « Ça va prendre du temps. Peut-être juste quelques jours ou même deux semaines. On trouvera un moyen de te faire entrer en Hollande. »

Je le remerciai encore et encore. L'incroyable gentillesse du peuple belge ne cesserait jamais de m'étonner. Je lui ai dit que je ne savais pas comment je pourrais lui rendre la pareille.

« N'y pense même pas », dit-il. « Le simple fait de savoir que j'ai aidé une autre victime de cette guerre à s'échapper est suffisant pour moi. » Johannes s'était levé et avait ramassé mon assiette vide. « Tu ferais mieux d'aller te reposer lieutenant, demain matin nous discuterons du plan. »

Il me conduisit à une chambre, petite mais confortable, au deuxième étage. Il me serra la main, et je me préparais à la première vraie nuit de repos que j'avais eue en deux mois. Je m'assis sur le bord du lit et j'enlevai mes vieux vêtements collés à mon corps. Mes genoux étaient gonflés au double de leur taille habituelle. Ma cheville était violette et douloureuse au toucher. Je passai mon doigt sur mes côtes saillantes. Combien pèserais-je maintenant ? J'étais fort de quatre-vingt-dix kilos quand j'avais rejoint mon escadron en France.

Au moment où l'arrière de ma tête toucha le lit, j'étais dans les vapes. Ce fut un sommeil lourd et sans rêve et il se termina bien trop vite. Un coup léger à la porte et le grincement des gonds me réveillèrent. Johannes se tenait dans l'embrasure de la porte. Il m'annonça que j'avais dormi pendant douze heures. J'avais retrouvé un peu d'énergie et de force. La paranoïa me traversa. Et s'il avait débarqué avec des soldats allemands ? Je chassais ces pensées de ma tête. Comment pourrais-je douter de la sincérité de cet homme après tout ce qu'il avait fait pour moi ? Même s'il me trahissait, j'étais impuissant et à sa merci.

Il me demanda si j'avais faim et revint avec un plateau de petit-déjeuner chargé. Je n'oublierai jamais ce repas. Il contenait du café, du vrai café, pas la racine de chicorée de Courtrai. Plusieurs tranches de pain fraîchement cuit, des pommes de terre chaudes et des œufs durs. J'en savourai chaque bouchée. Johannes s'était assis sur le bord du lit et exposait les plans de mon évasion vers la Hollande.

Il suggérait de me cacher dans un couvent jusqu'à ce que l'occasion se présente de me rendre à la frontière. En attendant, je ferais semblant d'être un marin espagnol. Je pouvais parler un peu d'espagnol. Si j'avais essayé de continuer ma routine de paysan belge, j'aurais fini par devoir parler. Il m'a assuré que ce serait désastreux. Johannes me dit qu'il me donnerait assez d'argent pour soudoyer les gardes à la frontière hollandaise.

« Vous n'êtes pas la première personne qu'on fait entrer en Hollande », dit Johannes. « Il y a trois semaines, j'ai eu la confirmation d'un officier d'artillerie britannique qu'on a aidé à passer en Hollande. »

Je hochai la tête et souri. Avais-je vraiment pensé que j'étais le premier évadé de cette guerre à traverser les lignes ennemies sans être détecté ?

Johannes poursuivi : « Il s'était également échappé d'un camp de détention allemand et était parvenu jusqu'à moi. Son message disait qu'il était entré en Hollande sans problème. Nous serons en mesure de faire la même chose pour toi. »

Je lui tendis la main pour serrer la sienne et lui dit que je suivrais ses instructions et ferais tout ce qu'il me suggérerait. « Je veux rejoindre mon escadron et retourner au combat », ai-je dit. « Je comprends que ça va prendre du temps pour arranger ça. Je vais essayer d'être patient. »

Johannes m'informa que la première chose à faire était de préparer un passeport. Il en avait un vierge et d'après lui « qu'il suffisait de remplir ». Il utilisait un passeport authentique pour imiter le style de l'employé d'état civil. Il indiquait que j'étais marin, que j'étais né en Espagne et que j'avais trente-cinq ans. Peut-être qu'avec un peu plus de repos et de vraie nourriture, je retrouverais mon apparence normale.

Le premier défi qui se posait était le timbre. Chaque passeport avait un timbre officiel estampillé par un tampon en caoutchouc. C'était comme un cachet postal unique et élaboré. Johannes avait trouvé la moitié d'un tampon en caoutchouc, qu'il pensait avoir été jeté par les Allemands. Il sorti un canif et rassembla une poignée de bouchons de liège. Cela lui a pris plusieurs minutes et plus d'une poignée de bouchons. Le tampon fini était impressionnant. Nous étions convaincus que notre faux timbre résisterait à n'importe quelle inspection, à l'exception d'un examen à la loupe.

Johannes pris une photo de moi pour le passeport. Il colla la photo dessus comme un professionnel. Il avait fallu deux jours pour terminer le faux passeport. Pendant ce temps, Johannes annonça qu'il avait changé d'avis sur le fait d'attendre dans le couvent. A la place, il connaissait une maison vide où je pourrai me cacher. Il me suggéra d'y attendre jusqu'au moment venu de passer la frontière.

Ça m'allait très bien. Je n'avais pas été très enthousiaste à l'idée de me faire passer pour un prêtre. Moins j'avais de contact avec de gens, mieux c'était. Cette nuit-là, je suivi Johannes dans une partie opulente du village. La maison était gigantesque. Une maison en briques de quatre étages qui appartenait à un riche Belge avant la guerre. Lorsque la guerre avait éclaté, le propriétaire de la maison avait ramassé tout ce qu'il pouvait emporter et s'est également dirigé vers la Hollande. Cette maison était maintenant utilisée pour les réfugiés. Johannes ouvrit la porte avec sa clé et me dit qu'il serait de retour dans la matinée.

J'explorai ma nouvelle maison du mieux que je pu sans lumière. C'était une maison magnifiquement meublée, mais il y avait un centimètre de poussière partout. Je comptais dix-huit pièces. Deux au sous-sol, quatre à chaque étage, jusqu'au toit. Ma découverte la plus précieuse fut la cave à vin. J'avais devant les yeux plus de mille bouteilles de vin. Je décidai du vin que je choisirais pour célébrer ma nouvelle chance.

Je m'arrêtai dans mon élan. J'ai pensé à la vieille histoire de vendre la peau de l'ours avant de l'avoir tué. Je décidai d'attendre d'avoir passé la frontière et d'être libre avant de célébrer. Me reposer sur un lit confortable serait un choix plus judicieux. Je me rendis dans chaque chambre à la recherche du meilleur coin pour dormir et je fus déçu à chaque fois. Tous les matelas avaient disparu, et les Allemands avaient arraché tous les tissus de soie, de coton et de laine. C'était toujours un cran de plus par rapport à ma situation précédente. Je m'installai aussi confortablement que possible et je ravalai ma au mieux ma déception.

Johannes revint le lendemain matin avec un petit-déjeuner. Après avoir terminé, il me demanda si j'avais des relations en Angleterre ou en France auprès desquelles je pourrais obtenir de l'argent. Je lui ai dit que j'avais un compte à Londres chez Cox & Cox, mais que je ne savais pas comment effectuer de transactions d'ici.

« Ne t'inquiète pas pour ça », dit Johannes. « Nous trouverons un moyen. J'ai besoin de savoir comment tu comptes payer pour mes services. Comment tu vas me dédommager pour les risques que je prends pour t'aider ? »

J'étais stupéfait. Son changement d'attitude était choquant. « Je. . . Je paierai, bien sûr, pour toute ton aide. » Je trébuchais sur les mots. « Pensez-vous que c'est le bon moment pour parler de ça ? J'ai juste les quelques centaines de francs que vous pouvez avoir. Quand je reviendrai, je vous assure que vous serez dédommagé. »

« Bien », dit-il. « Tu peux toujours dire que tu me dédommageras après. Qu'est-ce qui me dit que tu le feras ? Je veux de l'argent maintenant. Je ne vais pas attendre. »

Je grinçais des dents. Mon estomac s'était resserré et mon souffle s'était accéléré. « Que veux-tu que je fasse ? Comment suis-je censé organiser quoi que ce soit d'ici ? Dis-moi juste combien tu veux et je te le donnerai quand je m'échapperai. »

« Je veux 800 livres », dit Johannes.

Ma mâchoire se décrocha. Je secouai la tête et j'écartai mes mains, paumes vers l'extérieur. « Pour qui tu me prend ? Lord Kitchener ? » Je mis une minute à rassembler mes pensées. Peut-être qu'il plaisantait. Je changeai d'attitude et me mis à rire. « Tu ne le penses pas vraiment, hein ? »

Johannes fit un pas vers moi. D'après l'expression de son visage, il ne plaisantait pas. Il sortit un morceau de papier de sa veste. « Je me suis mis en danger pour t'aider. Je veux être payé pour le dérangement. »

Il me tendit un ordre de paiement.

Johannes poursuivi : « Je veux recevoir chaque centime pour mon problème. Et tu vas m'aider ! »

Je lui rendis le morceau de papier. « J'apprécie toute ton aide. J'ai besoin de ton aide pour sortir d'ici. Je vois que ton motif n'est pas celui que je pensais. » Je pris une profonde inspiration. « Je refuse qu'on me fasse chanter. C'est un truc que je ne supporte pas. Tu comprends ? »

« Tu devrais peut-être reconsidérer ta décision », répondit-il. « Avant que tu ne fasses une terrible erreur. Je te donne quelques heures pour y réfléchir. » Johannes descendit les escaliers et sortit de la maison.

Est-ce que je devais partir de cette maison maintenant ? J'avais déjà le passeport. Je pourrais aller jusqu'à la frontière et tenter ma chance. Il faudrait que je sois créatif pour la traversée finale. *Attendre. Attendre juste un peu.* Je ne ferai rien d'insensé avant sa deuxième visite. Il avait encore certains de mes papiers, photos et identification. J'avais besoin de les récupérer.

Ce soir-là, Johannes revint et a monta les escaliers pour me rejoindre. « Eh bien, as-tu reconsidéré la question ? » demanda-t-il. « Vas-tu me signer cet ordre de paiement ou non ? »

J'avais passé les dernières heures à réfléchir à ce que

j'allais faire. Sa demande était tellement scandaleuse que je pouvais signer ce papier sans jamais le payer. Ce qui me dérangeait, c'était cet homme : qui s'était lié d'amitié avec moi. Il m'avait nourri, logé et caché des Allemands et maintenant il voulait m'extorquer. Cette pensée me fit tourner l'estomac comme un tour de manège. Je ne voulais pas être exploité par qui que ce soit. Je me fichais de savoir si je mettais ma sécurité en danger ou non.

« Non », m'écriais-je. « Je vais suivre mon propre chemin sans plus d'aide de ta part. Je veillerai à ce que tu sois payé correctement pour l'aide que tu m'as apportée. » Je pointai mon doigt sur sa poitrine et je continuai : « Je veux tous mes papiers, mes photos et tous les autres biens que tu as gardé. »

Johannes secoua la tête. « Je suis désolé d'entendre ça, Lieutenant. Mais je ne te les rendrai pas tant que je ne serai pas payé en totalité. »

Je poussais plus fort dans la poitrine avec mon doigt. Rends-moi ces foutus papiers. Je te les prendrai si je le dois. »

Johannes fit un pas en arrière et écarta les bras dans un geste de fausse sincérité. « Je ne sais pas comment tu pourrais faire cela. Tes effets personnels sont déjà hors du pays. Je ne pourrais pas les récupérer pour toi même si je le voulais. »

Menteur. Quelle crapule. Je fis un pas de plus jusqu'à ce que nous soyions nez à nez. « Je veux mes effets personnels. Et je les veux avant minuit. »

« Sinon quoi ? »

« J'attendrais l'aube et j'irai me rendre ensuite aux autorités allemandes. Je leur montrerai le passeport que tu as fait pour moi. Je leur dirais comment il a été fait. Je leur dirai tout. Tu partageras le même sort que moi. Le tiens sera bien pire. Les Allemands n'ont aucune patience pour les gars de ton genre. »

La couleur s'était vidée du visage de Johannes. Nous n'avions pas de lumière dans la maison, mais le clair de lune venant de la fenêtre montrait sa terreur. Il tourna les talons et commença à descendre les escaliers pour partir.

Je lui rappelai, « Tu as jusqu'à l'aube. Si tu ne reviens pas avec mes affaires d'ici là, la prochaine fois qu'on se verra, ce sera devant des soldats allemands. Je suis un homme désespéré. J'ai bien réfléchi, je n'ai plus rien à perdre. »

Il claqua la porte derrière lui. Je m'assis sur la dernière marche. Qu'allait-il faire ? Que ferais-je à sa place ? Il irait peut-être d'abord voir les Allemands et inventerait une histoire pour me discréditer. Est-ce qu'il allait me prendre au mot ? Je ne me rendrais jamais volontairement aux Allemands. Je serais exécuté sur le champ. Abattu comme un espion au minimum, probablement bien pire. Mais Johannes ne le savait pas.

J'avais senti un brin de lâcheté chez Johannes. Je pariais qu'il ne prendrait pas le risque que je mette ma menace à exécution. Il devait croire qu'il y avait une petite chance que j'aille jusqu'au bout. Pourquoi voudrait-il garder mes photos et mes papiers ? Y avait-il un type d'information dans ces documents qui expliquerait son changement complet d'attitude ? Voulait-il mes effets personnels comme preuve ou témoignage ?

Deux autres heures s'écoulèrent et j'étais encore assis sur le haut de l'escalier et je réfléchissais à ma situation actuelle. La porte d'entrée s'ouvrit en grinçant. Johannes monta lentement les escaliers. Il dit : « J'ai apporté les affaires que j'avais gardées. Comme je l'ai déjà dit, le reste n'est plus en ma possession. »

Je pris le paquet de sa main et je le feuilletai. Il y avait la moitié des photos, mon bracelet avec ma plaque d'identification, et la plupart des papiers. « Je ne sais pas pourquoi tu veux garder la moitié de mes photos », lui dis-je. « Les photos manquantes n'ont qu'une valeur sentimentale pour moi. »

Johannes s'était assis à côté de moi sur la dernière marche. « Je suis désolé que les choses se soient passées ainsi. Je suis désolé pour toi et je veux t'aider. L'ordre de paiement n'est pas de mon fait. »

« Qui a eu l'idée alors ? » Demandais-je.

« Ce n'est pas important », poursuivi-t-il. « Une proposition a été faite, et tu l'as rejetée. C'est la fin de l'histoire. Je déteste l'idée que tu continues avec tes seules ressources. J'ai une suggestion à faire. Si tu me suis dans une autre maison, je peux te présenter à un homme qui t'aidera à entrer en Hollande. Il est mieux placé que moi pour t'aider. »

« Combien de millions de livres voudra-t-il pour le dérangement ? »

Johannes rit et répondit : « tu peux arranger ça avec lui. Tu veux venir ? »

Quelque chose ne me convenait pas dans cette proposition. La curiosité me poussait à en savoir plus et à aller jusqu'au bout. Je savais que j'étais à l'abri des autorités car Johannes n'aurait pas osé me livrer. Nos destins étaient liés. Je lui dis que j'irai quand il sera prêt.

Une fois que nous étions calmés, je lui demandais de me préparer de la nourriture. Je lui dis que je n'avais plus rien à manger depuis ce matin et que je commençais à avoir faim. Il me dit de me débrouiller. Après m'avoir apporté le petit-déjeuner du matin, il s'était rendu compte du risque terrible qu'il prenait en apportant de la nourriture dans une maison vide. Si les Allemands découvraient ce qu'il faisait, il n'aurait pas à s'inquiéter que je le dénonce. Il me suggéra d'aller au village par moi-même et d'acheter ma propre nourriture. Il m'a rappelé que je devrais emporter quelque chose à manger pour mon voyage en Hollande.

Il y avait une part de vérité dans ce qu'il disait. Je ne pouvais pas entièrement lui reprocher de ne plus vouloir prendre de gros risques pour notre association. Je lui ai dit que j'avais déjà passé des jours sans manger et que ça irait bien.

Il me retrouva devant la maison le soir suivant. Je l'ai suivi jusqu'à une maison similaire, non loin de celle où je logeais. Johannes ouvrit la porte et me fit entrer dans une pièce au premier étage. Deux hommes attendaient à l'intérieur. D'après la ressemblance, l'un était son frère et l'autre un étranger.

Ils m'expliquèrent qu'ils avaient un autre passeport pour moi. Ce dernier était authentique. Je n'aurai pas besoin de s'inquiéter du faux que j'avais dans ma poche. Avec ce passeport, il n'y avait aucune chance que je me fasse prendre en traversant la frontière.

Je vis clair dans leur jeu dès le début. J'écoutai patiemment ce qu'ils me racontaient.

« Rends-nous le passeport que tu as et nous te donnerons le vrai », dit le frère de Johann.

Je tapotais le passeport dans ma poche de poitrine. « Ok, laissez-moi juste voir le nouveau passeport d'abord. »

Les trois hommes hésitèrent. Le frère répondit : « Pas nécessaire, lieutenant. Donnez-nous juste l'ancien et je vous l'échangerai contre le nouveau. C'est d'accord? »

Je me lassai de ce jeu. Je fis un pas vers la porte. « Laissez-moi être clair, mes amis. Vous n'aurez ce passeport qu'en me passant sur le corps. »

J'attendais que l'un d'entre eux ou les trois fassent un geste. J'étais en infériorité numérique et ils auraient pu me maitriser rapidement s'ils avaient voulu insister. J'avais déjà traversé tellement de choses. Je pouvais goûter à la liberté. Je me battrais jusqu'à la mort dans cette pièce si la situation l'exigeait.

J'avais remarqué une rangée de grosses poteries contre le mur. Je me suis dirigé vers ce mur. Je les regardais l'un après l'autre avec le sourire le plus diabolique que je puisse afficher. La pièce était silencieuse. Je dis : « Je vais garder le passeport que j'ai déjà. Si vous croyez, messieurs, que vous pouvez me le prendre, » je tapotais à nouveau ma poche, « vous pouvez toujours essayer. »

J'étais prêt à me battre. N'est-ce pas la raison pour laquelle je m'étais engagé dans cette guerre en premier lieu ? J'étais arrivé en France pour combattre les Allemands et piloter des avions. Maintenant, j'étais coincé dans cette pièce, attendant de me faire dépouiller par des hommes qui prétendaient m'aider mais ne voulaient que m'extorquer. Ces poteries avaient l'air lourdes. Je décidai de frapper le frère en premier. Un seul coup d'un de ces vases suffirait à assommer un homme. Peut-être que les deux autres s'enfuiraient. Je tenterai ma chance. C'est ici que j'allais prendre position et me battre.

Les trois hommes se concertèrent en flamand. Ils ne voulaient pas se battre. Ils me faisaient clairement comprendre qu'ils voulaient négocier jusqu'à la mort. Le troisième homme parlait un excellent anglais. Il se présenta comme Nathanaël et continua à essayer de me convaincre de remettre le passeport.

« Mon brave homme », dit Nathanaël. « Nous n'avons pas l'intention de vous priver de votre passeport. Grands dieux ! Si ça vous aidait à sortir du pays, je vous en donnerais cinq. C'est pour votre propre protection et la nôtre que vous continuez votre voyage. Sans ce passeport. Ne croyez-vous pas que vous devriez risquer votre sécurité avant de mettre également en danger la vie innocente de trois hommes ? »

J'en avais assez. Je me dirigeai vers la porte. Cela leur pris une longue seconde, mais ils s'écartèrent pour me laisser passer. Je me retournais pour leur faire face. « C'est une époque dangereuse », dis-je. « Vous m'avez montré votre vrai visage et je suis heureux que vous reconnaissiez le danger que vous courez. » Je continuais « N'oubliez pas que si je suis capturé dans cette partie du pays, ils prendront aussi mon passeport. Si ça arrive, vos vies ne vaudront plus rien. Je vous impliquerai tous les trois. Ma parole d'officier sera crue plutôt que la vôtre. Passez une bonne nuit, messieurs. »

Je sorti de la maison dans l'air frais de la nuit du village. Ma fourberie semblait avoir fonctionné. Je passai cette nuit à penser à ces hommes et à ce que je voulais leur faire. Je pensai aux Belges que j'avais rencontrés au cours de mes voyages. Les gentils paysans, prêts à partager le peu de nourriture qu'ils avaient avec un étranger grisonnant. Comment André m'avait donné de la nourriture, un abri et de l'aide. Aurait-il finalement essayé de m'extorquer s'il en avait eu l'occasion ? Je m'en fichais.

De nombreux Belges avaient été pendus, fusillés et torturés pour avoir aidé des fugitifs pendant la guerre. Je ne les jugeais pas pour avoir pris le moins de risques possible. Je décidai de ne pas garder de rancune envers Johannes. La guerre pousse les gens à faire des choses terribles pour survivre.

Je retournai à la première maison pour planifier mon prochain mouvement.

PAR LE TROU DE LA SERRURE

Les cinq jours suivants m'avaient paru des années. Ma situation alimentaire était pire maintenant qu'elle ne l'avait été dans les champs. J'avais un bon endroit pour dormir mais j'avais toujours faim. J'avais plus de temps pour penser et planifier tandis que la faim constante me rongeait. J'avais souvent pensé à commettre un meurtre.

Des soldats allemands passaient devant la maison tout au long de la journée. Je les observais pendant des heures par le trou de la serrure. Je n'osais pas m'approcher trop près de la fenêtre de peur de me révéler à l'ennemi.

Je ne savais pas parler l'allemand ni le flamand. Si j'avais essayé de sortir et d'acheter de la nourriture - même si j'avais assez de francs en poche - je me serais mis en danger. J'attendais la nuit pour parcourir les rues à la recherche de restes. Les magasins étaient alors fermés, et moins de gens parcouraient les rues. Je trouvais parfois le courage de demander de la nourriture à un paysan belge dans les rues sombres et désertes. Les Belges des villes étaient beaucoup plus craintifs que ceux des campagnes.

Je n'éveillais leur inquiétude et leur suspicion que lorsque je les abordais dans la rue.

J'aurai été mieux dans les champs et les buissons que coincé dans cette ville. Il était temps de partir et de poursuivre mon voyage. Je devais m'assurer que Johannes et sa famille n'allaient rien tenter contre moi. Juste quelques jours de plus et je serais de nouveau sur en route.

Lorsque je ne passais pas chaque minute les yeux rivés sur le trou de la serrure, je passais mon temps dans une chambre au dernier étage qui donnait sur la rue. Je me tenais loin de la fenêtre, dans l'ombre. De mon point de vue, j'observais la vie quotidienne dans le village. Je faisais les cent pas dans la pièce. J'essayais de trouver des moyens de m'amuser. Je me rendis compte que j'avais fait plusieurs kilomètres à faire les cent pas dans cette pièce. Si seulement j'avais pu les soustraire à mon voyage vers la frontière.

J'avais observé un matou sur le rebord de la fenêtre d'une maison de l'autre côté de la rue. J'avais utilisé un morceau de ce miroir brisé que j'avais trouvé pour me divertir. Je l'avais dirigé vers les yeux du chat. Au début, le chat avait eu l'air ennuyé et était parti. Il était revenu quelques minutes plus tard s'installer à la fenêtre, et s'était habitué au reflet de lumière. C'est ainsi que je passais des heures - à faire n'importe quoi pour me faire oublier les circonstances actuelles. Surtout ma faim insupportable.

Quelques heures plus tard, je me tenais à nouveau près de la fenêtre. J'étais caché de telle sorte que les passants ne pouvaient pas me voir, mais j'avais une vue sur tout ce qui se passait dehors. Mon ami le matou patrouillait la rue avec quelque chose pendant de sa bouche. J'ouvris la porte et descendis les marches en courant. Je traversai la rue en courant et sautai sur ce chat avant qu'il ne sache ce qui lui arrivait. J'arrachai le morceau de ragoût de lapin de sa bouche. Il poussa un miaulement à glacer le sang quand je lui arrachai son repas et retournai chez moi en courant.

Un sentiment de culpabilité m'envahit brièvement, mais je n'eus aucun problème à manger le dîner du matou. La faim avait pris le dessus sur tout sens de la logique et de la raison. Je mangeais avec empressement.

De retour à mon trou de serrure, d'énormes chariots circulaient dans les rues. Les paysans ramassaient les épluchures de pommes de terre, les restes de choux et tout ce qui pouvait ressembler à de la nourriture. Aux États-Unis, nous considérerions ces déchets comme des ordures et ils étaient détruits. Les Belges en faisaient du pain. Les Allemands avait fait une science du recyclage. J'avais eu la chance d'essayer ce « pain de guerre » et il n'était en fait pas trop mauvais. Dans ma situation actuelle, j'aurais volontiers mangé les restes jonchant les ruelles.

Je suivais le va et vient des soldats allemands dans la rue. J'avais remarqué qu'ils s'arrêtaient et regardaient tous avec intérêt un magasin particulier. Neuf sur dix s'arrêtaient et se plantaient là pendant au moins une minute. Parfois plus longtemps. Il semblait que seuls les Allemands étaient intéressés, mais pas les Belges. C'était peut-être une librairie avec des magazines allemands en vitrine ? Je devais savoir ce que c'était.

J'ai attendu jusqu'au soir. J'ai monté les escaliers. J'ai trouvé une fenêtre dans une pièce avec une vue plus directe. Je me suis mis à rire si fort que je suis sûr d'avoir attiré l'attention. Je ne pouvais pas m'en empêcher. C'était une autre boucherie, similaire à Johannes, mais beaucoup plus grande et mieux exposée. La vitrine était remplie de douzaines de paquets de saucisses empilés jusqu'en haut des étalages. Cela stoppait presque tous les Allemands dans leur élan, pendant trois ou quatre minutes à la fois. Je secouai la tête et couvrit ma bouche, en essayant de ne pas rire à nouveau.

J'avais perfectionné l'art d'attraper les mouches. Après avoir capturé la malheureuse mouche, je la mettais dans une toile d'araignée - pas de pénurie dans cette vieille maison vide. Je m'asseyais, je croisais les jambes et j'attendais patiemment que l'araignée vienne le chercher. J'observai la capture et la destruction lente et méthodique de la mouche et je comparais cela à mes propres circonstances.

De nombreux livres garnissaient les étagères de la maison. Une des bibliothèques les plus riches que j'ai rencontrées dans mes voyages. Le problème est qu'ils étaient écrits en français ou en flamand. Je ne comprenais pas le flamand, et mon français était au mieux inférieur à la moyenne. J'avais trouvé un journal du New York Herald, qui avait dû arriver avant la guerre. Je l'avais lu et relu plusieurs fois. Les commentaires sur le baseball avaient captivé mon attention pendant des heures. L'histoire de Zimmerman des Cubs se faisant exclure pour s'être disputé avec l'arbitre était tout aussi intéressante que si elle s'était produite hier.

Des soldats allemands marchaient en file dans la rue. Ils étaient arrivés à la maison voisine. J'attendais qu'ils passent devant le trou de la serrure.

« Halte ! »

Une escouade d'Allemands s'est mise au garde-à-vous devant la maison. J'avais les mains moites. La peur de ma vie me poussa à bouger. Je couru dans les escaliers. J'allai me cacher dans la cave à vin dans le noir. Un éclat de lumière clignota par les trous d'une grille qui menait à l'arrière-cour. Je rampai plus profondément dans le fond de la cave et trouvai une cachette. Je me faufilai entre deux énormes caisses de vin. Le crissement des bottes montait les marches de l'entrée, et la porte d'entrée avait été ouverte.

Des ordres étaient aboyés en allemand. Le bruit du *piétinement* des hommes allant d'une pièce à l'autre me donnait des fourmis dans les jambes. Des bruits assourdissants, des fracas, et des coups de marteau. Que se passait-il ?

Avais-je été trahi ? Johannes et ses associés avaient-ils décidé de me dénoncer ? Ma cachette n'était pas très sure. Les Allemands fouilleraient cette maison de fond en comble. Ce n'était qu'une question de temps avant qu'on me trouve. Je pourrais faire sauter la grille et m'échapper par l'arrière-cour. Les Allemands avaient-ils bouclé le quartier avant d'envoyer les soldats dans la maison ?

Devais-je rester en place ? Peut-être que les Allemands ne fouilleraient pas la cave. Peut-être qu'ils penseraient que j'étais déjà parti. Les grincements et le bruit des souris et des rats affolés m'inquiétaient. Les bruits de coups et de fracas provenant de l'étage s'intensifiaient. Pensaient-ils que je me cachais dans les murs ? On aurait dit qu'ils allaient démolir la maison.

Que feraient-ils après avoir terminé leur recherche à l'étage supérieur ? Allaient-ils démanteler le sous-sol ? Et le vin ? Peut-être que par chance, ils seraient juste intéressés par le vin. Je pris une bouteille de vin dans chaque main. J'étais prêt à me défendre. Mes yeux s'étaient adaptés à l'obscurité. Ils seraient temporairement aveuglés quand ils entreraient dans la cave.

Vingt autres minutes passèrent. Le bruit des bottes dans les escaliers retentit à nouveau. Ils arrivaient. J'entendais bien le *bruit sourd* des escaliers alors qu'ils approchaient de la cave. Mon cœur me faisait mal, il pompait si vite. Je sentais l'adrénaline courir dans mes veines. Une souris courut sur mon pied. D'une seconde à l'autre. . .

« Halte ! »

Plus d'allemands. Les soldats s'étaient arrêtés. On aurait dit qu'ils remontaient les escaliers par le hall et la porte d'entrée. Impossible. Comment pouvaient-ils faire demi-tour et s'en aller ? Est-ce que je délirais ? Mes oreilles me jouaient-elles des tours ? C'était peut-être une ruse allemande pour que je m'expose. Je restais dans la cave pendant une heure de plus. Je retenais ma respiration et comptais jusqu'à dix, encore et encore.

J'enlevai mes chaussures et je rampai jusqu'aux marches de la cave. Avaient-ils abandonné ? Cet officier allemand essaierait-il vraiment de me piéger plutôt que de fouiller la cave ? Je répartissais mon poids sur chaque marche progressivement. J'étais arrivé jusqu'à la dernière marche. Pas de grincement dans les escaliers. Ce que je vis dans la cuisine répondit à toutes mes questions.

Les robinets avaient été arrachés des éviers. Les tuyaux d'eau avaient été arrachés du mur. Les tuyaux de gaz, les ustensiles de cuisine avaient disparu. Tout ce qui était en cuivre ou en laiton avait été volé. Tout ce qui contenait ne serait-ce qu'un tout petit peu de métal avait disparu. Je renfilais mes chaussures et j'entrais dans la cuisine avec confiance. Les soldats allemands n'étaient pas venus pour moi. Ils pillaient les maisons qui avaient l'air plus riches, sûres de contenir des métaux et des matériaux pour l'effort de guerre.

Les Allemands avaient volé chaque once de laine, de cuivre et de laiton en Belgique. Ils arrachaient le cuivre des pianos. Ils endommageaient sérieusement des héritages familiaux et des biens précieux pour la plus infime quantité de métal.

Tous les chiens de plus de 40 centimètres étaient confisqués. L'hypothèse était que ces pauvres animaux étaient utilisés comme source de nourriture. Une autre théorie populaire était que ces chiens étaient des « chiens coursiers », des chiens portant un harnais spécial sur leur dos pour apporter de la nourriture aux soldats allemands dans les tranchées.

Je retournai à mon poste d'observation devant le trou de serrure. Je regardais les escouades de soldats allemands continuer leur travail. Ils défilaient dans la rue sans chanter, sans rire ni plaisanter. La guerre devait leur faire payer un tel tribut.

Il était temps de poursuivre mon voyage en Belgique. La nuit venue, je devenais plus audacieux et marchais dans les rues, même avec les soldats allemands aux alentours. J'avais étudié les manières des paysans belges. Ils marchaient la tête basse, les épaules tombantes. Dans ma condition hagarde, j'étais à ma place. Ma taille était un problème. J'étais plus grand de cinq centimètres que tous les paysans belges que je croisais. Mes cheveux roux me faisaient également remarquer comme étant un étranger.

J'ai appris après la guerre que les Allemands piégeaient les Belges sans méfiance en se faisant passer pour des fugitifs anglais ou français. Ils faisaient semblant de demander de l'aide. Si le Belge tombait dans le panneau, il est arrêté et la police allemande se déchaînait sur lui. C'était remarquable d'avoir eu autant d'aide de la part des Belges.

Je passai mon doigt sur mes côtes saillantes. Il m'avait décrit comme un marin espagnol. Peut-être que si je pouvais parler couramment l'espagnol... Je ne connaissais que quelques mots et phrases. Si j'étais interrogé, et qu'ils utilisaient un interprète espagnol, j'étais mort. Je n'allais utiliser ce passeport qu'en dernier recours.

J'allais tenter ma chance en tant que paysan belge sourd et muet.

SPECTACLE DE CINÉMA

Lorsque j'étais arrivé dans le village, Johannes m'avait parlé de l'attraction du moment : un spectacle de cinéma gratuit tous les soirs de la semaine, sauf le samedi. Il disait qu'une fois à l'intérieur, personne ne me dérangerait sauf pour prendre ma commande de boisson. L'entrée étant gratuite, mais les clients devaient acheter de la nourriture ou des boissons.

Une nuit, alors que je cherchais de la nourriture dans la rue, je passais devant cet endroit. Peut-être que je devais y aller et y passer quelques heures ? Je pouvais acheter quelque chose à manger - mais je ne parlais pas la langue. Et si ma mauvaise prononciation me faisait passer pour un espion ?

Je marchais dans la rue, plongé dans mes pensées, quand je butais sur un officier allemand. Les yeux exorbités, je fis un geste d'excuse, je baissai la tête en marmonnant. Il sembla apaisé et continua son chemin sans un second regard.

Le lendemain, j'étais allongé sur le sol de la maison à

réfléchir. Je me redressais à la verticale. J'avais besoin de confiance, et c'était le moyen de l'obtenir. Avant de passer en Hollande, j'ai dû affronter beaucoup d'autres soldats allemands. Pour passer en toute sécurité, je devais être calme et confiant. J'avais besoin de réduire ma peur, mon anxiété et ma panique lorsque je tombais sur un casque à pointes.

J'avais remarqué que les Belges obéissaient scrupuleusement aux ordres des Allemands, mais qu'ils ne montraient pas de crainte franche à leur égard. Je devais forger ces mêmes sentiments d'indifférence si je voulais jouer ce rôle avec succès.

J'irais au spectacle ce soir. Soldats et officiers allemands ou non, je resterais assis pendant tout le spectacle, quoi qu'il arrive. Le théâtre était peut-être l'endroit le plus sûr pour moi. Qui chercherait un officier anglais fugitif dans un endroit pareil ?

Quand la nuit s'installa, je me préparais à aller au cinéma. J'avais un pantalon décent, grâce à Johannes. J'avais brossé mes cheveux du mieux que je pouvais et avec une paire de ciseaux rouillés, j'avais taillé ma barbe odieuse. Je n'étais pas un Beau Brummel, mais je m'intégrais parfaitement au paysan belge moyen.

L'entrée du cinéma se faisait par un jardin à bière. Elle se trouvait sur le côté du bâtiment, qui communiquait par une ruelle. La cabine vide d'un vendeur de billets marquait l'entrée. J'y entrais comme si j'y étais déjà allé plusieurs fois. J'étais là de bonne heure et seule une poignée de Belges étaient déjà à l'intérieur.

Je me tenais sur une plateforme surélevée. Elle était haute de trente centimètres et entourée de murs, sauf à l'extrémité où se trouvait la scène. L'endroit le plus sûr pour moi était d'aller aussi loin que possible à l'arrière. Je voulais être hors du champ de vision de ceux qui regardaient. Je pris une table sur le côté opposé du mur de la scène. Je m'appuyai contre le mur. L'endroit entier s'ouvrait devant moi. Je voyais tous ceux qui entraient et personne ne me remarquerait à moins de s'asseoir à ma table ou de se tourner délibérément vers moi.

La salle se remplissait rapidement. Chaque personne qui passait la porte était un soldat allemand. J'avais compté plus d'une centaine de soldats allemands et le même nombre de civils belges. Les premières personnes à rejoindre ma table furent un couple de Belges. L'homme s'assit à côté de moi. Il restait deux places à ma table. J'espérais qu'un autre couple belge les occuperait. L'idée de devoir partager ma table avec des soldats allemands à quelques mètres de moi me tordait les tripes. Chaque uniforme allemand qui entrait augmentait mon anxiété.

Juste avant qu'ils éteignent les lumières, deux officiers allemands entrèrent. Ils se levèrent et regardèrent l'endroit avant de se diriger vers ma table. Mon cœur battait dans ma poitrine. Ils se rapprochaient. Des frissons parcoururent mon corps lorsque je réalisai qu'ils se dirigeaient vers ma table.

Les deux sièges devant la table faisaient face à la scène. Sauf pour manger et boire, ils me tourneraient le dos. Je pouvais tendre le bras et toucher l'un d'eux sur sa tête chauve. Ça aurait été plus qu'une petite tape si j'avais pu m'en sortir.

Après que les officiers allemands eurent pris place, le serveur s'approcha. Il nous apportait un programme et un menu. Il s'occupa d'abord des Belges, et j'écoutais leurs commandes. Les officiers commandèrent du vin tandis que le Belge commanda un *Bock* pour lui et sa femme. J'aurais préféré commander de la nourriture, mais *Bock* était facile à prononcer et la seule chose que je pouvais dire. Je n'allais pas tenter ma chance et me tromper dans la prononciation, me démarquant comme un étranger.

J'allais imiter le Belge, et quand mon tour de commander arriva, je dis *Bock* aussi simplement que possible. Le serveur fit un signe de tête et continua. Le soulagement m'avait envahi. Je savais que si j'avais essayé de prononcer autre chose, j'aurais aussi bien pu me lever et me présenter aux officiers allemands par mon nom et mon grade.

Je regardai le menu et je réalisai qu'une chope de bière coûtait quatre-vingts centimes. Le plus petit billet que j'avais était un billet de papier de deux marks. Lorsque les Allemands remirent un billet de deux marks au serveur, celui-ci le leur rendit en disant quelque chose que j'ai compris comme signifiant : pas de monnaie.

Merde ! Qu'est-ce que j'allais faire ? Je ne pouvais pas remettre au serveur le même billet que les Allemands et m'attendre à un résultat différent. Je ne pouvais pas lui expliquer qu'il devait revenir plus tard quand il aurait de la monnaie. Je lui tendis le billet et fit semblant de ne pas avoir suivi la conversation qu'il avait eue avec les Allemands. Il me répéta la même chose qu'aux officiers allemands. Je remarquai un peu plus de hargne dans sa voix à mon égard. Je haussais les épaules en lui lançant un regard candide. Le serveur resta immobile pendant quelques secondes, attendant une réponse. Quand rien ne vint, il s'en alla.

Je fus sur des charbons ardents pendant la première

demi-heure. Les vagues de peur et de terreur me traversaient comme une lumière de phare. Je n'avais jamais eu aussi peur de ma vie. Chaque minute du spectacle se trainait pour ce qui semblait être une heure. J'avais combattu l'envie de me lever et de partir au moins une douzaine de fois. Seul le nombre de soldats allemands avait suffi à gâcher ma soirée. Une fois la lumière éteinte, c'était devenu beaucoup plus facile.

Une fois le premier film terminé, alors que les lumières se rallumaient, j'étudiais la foule. De ma chaise contre le mur, je pouvais voir presque tout le monde. À une table, il y avait un officier du corps médical allemand avec deux infirmières de la Croix-Rouge. C'est la seule et unique fois que je verrai une infirmière allemande. Il n'y avait jamais que les aides-soignants masculins. Les infirmières s'approchaient rarement des tranchées de première ligne.

Les soldats allemands étaient ordonnés et calmes. Ils buvaient des verres de bière et parlaient entre eux à voix basse. Je n'entendais pas de rire, je ne voyais pas de disputes. Je me suis demandé ce que ces deux officiers allemands auraient donné pour savoir qu'ils étaient assis en face d'un officier fugitif du Royal Flying Corps. J'essayais de me retenir de sourire. Puis je pensais à l'énorme risque que j'avais pris en venant ici. Je me suis demandé si ça valait le coup ou si c'était un acte d'orgueil et de stupidité.

À la fin du spectacle, je me suis mêlé à la foule et j'ai disparu. J'étais fier de moi, et j'avais pris un peu plus confiance en moi. Je pourrais le faire. Je pourrais me mêler aux Belges et passer la frontière. Je m'en rapprochais chaque jour un peu plus.

L'ATTAQUE DU VILLAGE

Je me suis réveillé au son des bombes qui tombaient sur le village. Et si l'un de nos aviateurs ciblait cette maison ? Je secouais la tête et allais me recoucher. *On verra ce qui se passera.* Je n'ai pas osé m'aventurer hors de la maison cette nuit-là.

La nuit suivante, la curiosité pris le dessus. Je me mélangeais à la foule dans les rues. Je me rendis à chaque endroit du village qui avait été durement touché pour voir les effets de nos bombardements et de nos mitraillages. La foule dehors était principalement allemande. J'évitais de parler à qui que ce soit. Si quelqu'un avait l'air de vouloir parler, je tournais la tête et partais dans l'autre direction. J'avais dû passer pour un grossier personnage plus d'une fois. Heureusement, je n'avais jamais croisé la même personne plus d'une fois, sinon j'aurais pu éveiller les soupçons.

J'examinais les dommages causés par nos bombes avec un œil technique. Une bombe avait atterri près de la gare ferroviaire. Si elle n'avait été vingt mètres plus près, elle l'aurait détruite. La précision du pilote m'impressionnait. La gare était sûrement sa cible. Voler à plus de cent cinquante kilomètres à l'heure et se faire tirer dessus par des dizaines de canons anti-aériens est une tâche difficile.

La foule à l'entrée de la gare était dense. Les Allemands ne faisaient pas attention à moi. Finalement, j'avais l'air d'un vrai Belge. Il est vrai que toutes les lumières étaient éteintes dans le village et que la nuit était noire. J'errais d'un bout à l'autre du village. Je passais devant le quartier général de l'état-major allemand. Un énorme drapeau allemand flottait à l'avant. Et si je pouvais le voler ? Quel souvenir ce serait ? Je chassais cette idée de ma tête. Comment pourrais-je le cacher ?

Une vieille femme qui se tenait au coin de la rue s'approcha de moi. Mon réflexe était de lui expliquer que je n'avais aucune idée de ce qu'elle avait dit. Je secouai la tête et montrai ma bouche et mes oreilles. Je secouais la tête et faisais comprendre aussi clairement que possible que j'étais sourd et muet. Elle s'était éloignée, mais un Allemand suspicieux serait-il aussi facilement dupé ?

Je jetais un coup d'œil dans les vitrines des magasins et me tenais à côté de soldats allemands. On regardait les mêmes choses. Et si j'étais découvert ? Je serais exécuté sur le champ. Pas seulement pour le faux passeport, mais pour le fait que je m'étais promené librement derrière les lignes allemandes pendant presque deux mois. Ils ne m'auraient jamais laissé vivre avec les informations que j'avais récupérées. Les enjeux étaient élevés.

Je me promenais dans un parc. J'entendis des bruits de pas derrière moi. D'après le son de leurs bottes, il n'y avait aucun doute sur leur identité. Je ralentis un peu pour les laisser me dépasser. Même s'il faisait nuit, on ne pouvait pas se tromper sur l'uniforme brillant et net d'un officier allemand. Les deux hommes passèrent devant moi et disparurent dans la nuit noire. C'était comme si j'étais de retour au cinéma.

Je continuais à errer dans les rues. Je remarquais que d'autres officiers allemands dînaient dans les cafés qui bordaient la rue. Je m'étais arrêté pour les regarder inter-agir entre eux. Ils n'avaient pas la gaieté et la légèreté que les officiers alliés affichaient lorsqu'ils étaient à Paris et à Londres. Ils semblaient sérieux et tristes. Même ici, dans cette partie de la Belgique, loin des restrictions rigides de Berlin.

Pourquoi devrais-je retarder mon départ pour la frontière et la liberté ? J'étais plus fort maintenant. Ma cheville était seulement noire et bleue, au lieu d'un violet flamboyant. Mes genoux étaient beaucoup moins enflés qu'à mon arrivée. J'avais un abri où dormir, pour le moment. Mes vêtements n'étaient pas constamment trempés. Mais j'avais faim. Je m'en sortais beaucoup mieux à la campagne pour la nourriture.

J'étais dans la meilleure forme depuis mon saut du train. J'étais prêt. Je ferais face à tout ce que le destin me réservait. Je me dirigerais vers la frontière et la liberté.

L'APPROCHE DE LA FRONTIÈRE

Je devais passer devant deux gardes pour pouvoir quitter le village. Je l'avais prévu lors de mes promenades du soir. Mes observations au cours de mes interminables promenades dans le village m'avaient permis de dresser un plan. Les gardes étaient toujours postés au même endroit et restaient toute la nuit. Ils étaient relevés au petit matin par un autre couple de sentinelles.

L'uniforme d'un officier ou d'un soldat allemand ne me terrifiait plus. Je m'étais mêlé à eux si souvent que je m'étais persuadé d'être vraiment un paysan belge sourd et muet. J'avais prévu de passer audacieusement devant les gardes en plein jour.

Je passais devant eux. Ils ne m'avaient pas retenu, ni même jeté un second regard. Les sentinelles avaient dû croire que j'étais juste un autre paysan belge sur le chemin du travail. Je couvrais plus de distance et me déplaçais plus rapidement que jamais auparavant dans ma fuite. J'étais dans la campagne belge. Je m'approchais du premier paysan belge que je croisais et lui demandais de la nourriture.

Cet homme partagea son déjeuner avec moi. Nous restâmes assis l'un à côté de l'autre pour manger. Il essaya de me parler, mais ma routine polie d'être sourd et muet avait semblé le convaincre. Il essayait de communiquer en faisant des pantomimes et des gestes, mais je ne pouvais rien comprendre de ce qu'il essayait de dire. Il a dû penser que j'étais un idiot en plus d'être à moitié affamé, sourd et muet.

La nuit venue, je cherchais un endroit où me reposer. J'avais inversé ma stratégie et décidé de voyager le jour et de me reposer la nuit. J'étais si près de la frontière. L'adrénaline m'envahissait. J'avais hâte de surmonter ce dernier obstacle et d'arriver le plus vite possible. Je devais relever le plus grand défi de toute cette aventure. Comment pourrais-je passer à travers une clôture de barbelés électrifiée et lourdement gardée ? J'avais passé des heures à réfléchir à cette question dans le village, et je n'arrivais pas à trouver une solution. Qu'est-ce que je pouvais faire ?

Je pensais à la possibilité de sauter par-dessus la barrière. Si la clôture n'était que de trois mètres de haut, ça pourrait être possible. Je me souvenais qu'à l'université, c'était un accomplissement facile. Deux problèmes se dressèrent sur mon chemin. Comment pourrais-je obtenir une perche dont le poids, la longueur et la résistance seraient corrects ? La clôture du milieu était chargée électriquement avec deux barrières de barbelés de trois mètres devant et derrière. Même si je sautais par-dessus la première barrière et que je ne m'électrocutais pas, quelles étaient les chances de passer par-dessus la seconde ? Cela ne s'annonçait pas facile à faire. Même un athlète en pleine forme ne pourrait pas faire ça.

Et si je construisais des échasses de six mètres de haut et que je franchissais les barrières une par une ? J'avais utilisé des échasses dans ma jeunesse. Si j'avais eu le bon équipement, j'aurais pu franchir les barrières et entrer en Hollande. Quelles étaient les chances de trouver l'équipement dont j'aurais besoin pour construire des échasses ici ? Zéro.

Les soldats allemands utilisaient des bicyclettes en Belgique. Et si je pouvais en voler une ? Les pneus feraient une excellente paire de gants. Je pourrais utiliser cette protection isolante pour mes pieds si j'avais besoin d'escalader la clôture électrique. Je chercherais un vélo en me dirigeant vers la barrière. Si je n'en voyais pas sur le chemin, j'attendrais de me retrouver face à face avec la barrière et je déciderais à ce moment-là.

J'avais besoin de me reposer une nuit de plus. Je vis une clôture de barbelés et je pensais que ça pouvait mener à un champ. Je rampai en dessous, et une des barbes s'accrocha à mon manteau. Je tirai, arrachais mon manteau, mais l'ondulation de la clôture trembla sur plusieurs mètres.

« Halte ! » Le mot que je craignais le plus résonna dans la nuit.

J'étais pris Qu'est-ce que je pouvais faire ? Je me suis accroupi puis à plat ventre sur le sol. L'obscurité me protégerait-elle ? Et si je sautais et courais ? Il y avait du brouillard et il faisait noir. Peut-être que ça serait suffisant pour couvrir ma course. L'Allemand se rapprochait. Il était à quelques mètres seulement. . .

Je restais allongé. Je retenais mon souffle. Mon cœur

battait contre ma poitrine faisant plus de bruit maintenant que le cliquetis du fil barbelé. Les secondes défilaient au ralenti. Le soldat allemand marmonna quelque chose. Il faisait des bruits comme s'il appelait un chien.

Une vague d'effroi me traversa. Il pensait qu'un chien avait frôlé le fil et avait causé le bruit. Je ne bougeais pas pendant cinq autres minutes. Quand j'ai été sûr que l'Allemand était parti, je me suis glissai aussi furtivement que possible sous les barbelés. J'étais aplati contre le sol et je fis attention à ne pas toucher le fil. Ce n'était pas un champ. C'était un dépôt de munitions. Je pris l'autre direction et je m'éloignai de là *à toute vitesse.*

Après un kilomètre environ, je tombais sur une modeste maison belge. Je frappai à la porte et fis ma routine d'affamé, sourd et muet. La femme Belge hésita une minute avant de m'inviter à entrer. Elle me regardait avec méfiance mais ouvrit la porte et me fit signe d'entrer. Elle m'apporta une assiette avec deux pommes de terre froides et une tranche de pain.

A la façon dont elle me regardé, de haut en bas, elle savait que j'étais un fugitif. Sa maison n'était pas loin de la frontière. Elle devait en avoir vu d'autres avant moi. Cela me rendait d'autant plus reconnaissant pour le risque qu'elle prenait. Les Allemands surveillaient constamment les maisons frontalières.

Elle confirma mes soupçons peu de temps après. Alors que je me levais pour partir, elle toucha mon bras et leva son index pour me signaler d'attendre. Elle fouilla dans un bureau et sortit un morceau de dentelle fantaisie. Elle insista pour que je prenne cette douce dentelle belge avec moi. J'en avais autant besoin qu'un éléphant d'un rasoir. Sa prévenance et sa gentillesse m'émouvaient. Je lui mis un billet de deux marks dans la main. Elle le refusa. Elle ne voulait rien accepter en retour.

Les mots flamands *Charité* et *Espérance* étaient cousus sur la dentelle. J'ai compris ce que ces mots signifiaient. Cette femme avait dû comprendre ma détresse et les tribulations qui m'attendaient. C'était pour m'encourager. Je la remerciais mais à son insu, je passais la nuit dans son jardin. Je suis parti tôt le lendemain matin avant que le soleil ne se lève.

Plus tard dans l'après-midi, je me suis approché d'une autre maison où j'ai demandé de la nourriture. Cette maison plus grande comptait dix enfants à l'intérieur, en plus du père et de la mère. J'avais pensé à partir et à ne pas demander de nourriture. Combien cela devait être difficile de subvenir à leurs besoins sans avoir à nourrir un étranger affamé ? Je donnai au père un billet de deux marks, qu'il sembla l'apprécier. Ils étaient sur le point de manger. Je participai à leur repas comme si je faisais partie de la famille. Notre repas était un énorme bol de soupe servi dans des cuvettes. J'espérais qu'ils n'utilisaient pas aussi les cuvettes pour se laver, mais j'avais tellement faim que ça n'avait pas d'importance. J'appréciais ma soupe et l'engloutissait comme l'homme affamé et désespéré que j'étais.

Le père et l'un de ses fils d'environ seize ans avaient une conversation animée. Je ne comprenais pas un mot de ce qu'ils disaient, mais il était évident qu'ils parlaient de moi en secouant la tête et en me montrant du doigt. Je restais chez eux pendant une heure de plus. J'avais apprécié cette pause dans la marche à travers les bois et j'étais déterminé à en tirer le meilleur parti.

Un jeune homme d'une vingtaine d'année se

présenta à la porte. Il semblait être là pour l'une des filles, mais quand il me vit, il s'arrêta net. Ses lèvres étaient serrées, et la sévérité de son comportement me pris au dépourvu. Il se tenait en face de moi et me fixait. Il se tourna vers le père et parla rapidement en flamand. Je supposais qu'ils discutaient de ma possible identité et même de mon destin.

Leur conversation animée me donna l'occasion d'observer les alentours. Il y avait trois pièces. Elles mesuraient environ 4 mètres sur trois. Ils avaient des lits superposés dans les chambres. Comment pouvaient-ils loger douze personnes dans cette pièce ? C'était un mystère pour moi. Juste à l'extérieur de la cuisine, on pouvait entrer directement dans l'étable. Ils avaient deux vaches. Ils étaient riches selon les normes belges de l'époque.

Je ne comprenais pas pourquoi ce jeune homme était si hostile à mon égard. Je ne doutais pas qu'il s'opposait à ma présence auprès de la famille. Peut-être que c'était parce que je ne portais pas de sabots en bois. Pendant et après la guerre, la plupart des Belges portaient des sabots en bois. Je ne serais jamais capable de trouver une paire qui m'irait. Presque tous les paysans que j'ai rencontrés en portaient. Le manque de cuir en avait fait une nécessité. Au fil de la guerre, même les Allemands avaient adopté les sabots en bois pour les travaux agricoles.

Le jeune homme s'en alla en colère. Je devais sortir de là. Et s'il prévoyait d'aller voir les autorités allemandes et de me dénoncer ? Un étranger qui frappe aux portes pour demander de la nourriture ? Je ne pouvais pas lui en vouloir. Il voulait juste protéger ses amis des conséquences d'avoir aidé un fugitif.

Je n'allais plus prendre de risques et attendre pour voir. Je m'éloignais de cet endroit aussi vite que possible. Je marchais pendant encore quelques heures. Quand la nuit tomba, j'étais à la frontière de la Hollande. La liberté était en vue. Encore un défi à surmonter et ce cauchemar serait terminé.

ARRIVÉE EN HOLLANDE

J'attendis qu'il fasse complètement nuit. Je m'étais approché prudemment de l'obstacle étincelant, tranchant et intimidant.

C'était pire que ce que je pensais. Cette barrière était exactement ce dont j'avais entendu parler. Elle était formidable et solide. Ce ne serait pas facile de m'en sortir. Je venais de si loin, je devais trouver un moyen. Qu'est-ce que je savais de cette barrière ? Elle couvrait chaque mètre de la frontière entre la Hollande et la Belgique dans les mêmes dimensions et avec la même solidité. Elle avait été construite avec trois buts distincts : empêcher les Belges de s'échapper en Hollande. Empêcher les ennemis, comme moi, de s'échapper à travers les lignes allemandes. Et empêcher les soldats allemands de déserter.

Un seul regard sur cette œuvre d'art tranchante et mortelle suffirait à convaincre n'importe qui. J'entendis des pas s'approcher. Je me laissai tomber sur le sol comme une pierre. Je m'éloignais en rampant. J'avais besoin de trouver un endroit pour réfléchir. Je trouverais un nouveau plan et demain soir, je traverserais.

J'avais trouvé un endroit dans l'herbe tendre, bien caché dans un champ. J'avais décidé de ne pas faire de saut à la perche. Même si j'étais un bon sauteur à la perche. Les trois clôtures s'étendaient sur plus de six mètres. Il faudrait que je puisse faire plus de 3;50 mètres de large et au moins 3 mètres de haut. Si je touchais la clôture électrique, je serais tué sur le coup. Je n'aurais pas de seconde chance si j'échouais.

L'idée des échasses ne pouvait pas fonctionner car il n'y avait pas de bois ni d'outils appropriés pour les construire. Je devais trouver un moyen d'escalader et de passer cette ligne de clôture. Peut-être que je pourrais trouver une ouverture ? Ou au moins, je pourrais trouver un endroit qui m'offrirait une meilleure chance.

Je luttais contre la frustration et un sentiment de désespoir. À quelques mètres de là se trouvait la liberté. Trois fichues clôtures m'empêchaient d'entrer en Hollande. Je pensais à mon avion. J'avais souhaité qu'une fée vienne le poser devant moi. Je passais la nuit et la plupart du jour suivant caché dans mon herbe douce. Je ne m'éloignais que pour mendier de la nourriture auprès des paysans belges qui passaient par là. Les Belges que je croisais là étaient tous plus difficiles. C'était compréhensible. Ces Belges vivaient dans la terreur. Le fait d'être juste à la frontière hollandaise ne faisait qu'intensifier la peur et l'angoisse. Presque toutes les maisons abritaient des soldats allemands.

J'abandonnais l'idée d'approcher les paysans belges et de leur demander de la nourriture. Non seulement je me mettais en danger, mais si mes actions conduisaient à la mort d'innocents Belges ? Je pouvais revenir à mon régime de légumes crus. Il y en avait plein dans les champs, qui n'attendaient que d'être cueillis.

Cette nuit-là, je trainais dans les environs et j'examinais la clôture. C'était si bien construit. Je n'avais trouvé aucune faiblesse. Je marchais vers l'ouest, guidé par l'étoile polaire, ma vieille amie. Un kilomètre sur deux, je me rapprochais de la barrière pour voir si les conditions étaient plus favorables, mais c'était la même chose à chaque fois que je m'arrêtais. J'étais comme un animal sauvage dans une cage. Comment pourrais-je m'échapper ?

La partie de la Belgique dans laquelle je déambulais était boisée et dense. Je n'avais aucun problème à rester caché. Je continuais à avancer dans les bois tout en cherchant un moyen de contourner cette barrière. Je passais la plupart de la journée à marcher, à réfléchir, à me cacher. Comment pourrais-je atteindre la liberté ?

J'avais pensé à fabriquer une échelle. Une énorme échelle. Je cherchai pendant plus d'une heure pour des branches ou un arbre tombé. J'avais besoin de quelque chose pour m'élever à trois mètres dans les airs. De là, je pouvais sauter par-dessus la barrière. Et si je construisais une simple échelle et que je l'appuyais contre l'un des poteaux qui tendaient le fil électrique ? Ce serait mon plan. Je passais cette nuit à construire mon échelle de liberté.

J'avais trouvé plusieurs pins tombés. Certains faisaient même plus de six mètres de long. J'avais choisi les deux plus solides et j'avais arraché toutes les branches. J'avais transformé les branches en échelons. Je les avais attachés avec des bandes déchirées de mon mouchoir et de l'herbe. Ce n'était pas une échelle sûre une fois finie. Ça ressemblait plus à une échelle de corde qu'à une échelle en bois. Je l'appuyais contre un arbre pour l'essayer. Elle tremblait et vacillait. Je la resserrais là où je pouvais. Je devais croire qu'elle servirait à quelque chose.

Je cachais l'échelle dans les bois toute la journée. J'attendis moins que patiemment l'obscurité pour pouvoir mettre ma création à l'épreuve. Si ça marchait, mes problèmes seraient terminés. Je serais dans un pays neutre. Hors de danger et libre. Si j'échouais, je ne voulais pas réfléchir aux conséquences.

Je passai les heures suivantes à renforcer mon échelle. J'avais trouvé une clairière d'environ 100 mètres. Je posai mon oreille sur le sol et j'attendis que la sentinelle me dépasse. Une fois partie, je me suis précipité à travers la clairière et j'ai poussé l'échelle sous la première barrière. Je la suivais en rampant, mais mes vêtements restèrent accrochés. Je me dégageais vivement et rampais jusqu'à la clôture suivante.

Dans mon idéal, je plaçais l'échelle contre l'un des poteaux, je grimpais au sommet et je sautais. J'absorberais une chute de plus de 3 mètres. Je pouvais me casser la jambe ou me tordre la cheville. Si c'était le prix de ma liberté, je le paierais volontiers.

J'écoutais si j'entendais la sentinelle s'approcher. Pas de bruit. J'appuyais l'échelle contre le poteau. Je grimpais L'échelle glissa. Tout se passa si vite à partir de ce moment. Je me déplaçais rapidement. Je sautai sur l'échelon suivant au moment où l'échelle tombait dans la clôture électrifiée. Le courant passa à travers les branches de pin humides et dans mon corps. Un flash bleu. L'odeur de la chair brûlée. Pas de douleur, juste un bruit sourd et engourdi. Je volais dans les airs et atterris sur le sol avec un craquement.

Je clignais des yeux. Combien de temps étais-je resté allongé sur le sol ? Heureusement, l'échelle avait absorbé la plupart du courant, sinon j'aurai été grillé. La peur me saisit. Pas la peur de frôler la mort par électrocution ou de voir mon corps paralysé - j'entendais le garde allemand arriver. Si je ne cachais pas cette échelle, mes douleurs seraient le dernier de mes problèmes. Encore une fois, la chance était de mon côté. Pas de clair de lune et une nuit presque noire.

Je tirai l'échelle de son chemin et m'aplatis au sol. Il passa à moins d'un mètre de moi. Il était si près que j'aurais pu le faire trébucher avec l'échelle. Et si je repassais sous la première barrière et que j'attendais qu'il passe à nouveau ? Je pourrais surgir des bois et le frapper à la tête. Je n'avais eu aucun scrupule à prendre sa vie. Les seules pensées qui traversaient mon cerveau : *Va en Hollande. Traverse le barbelé. Prends ta liberté.*

Le garde était passé. S'il ne revenait pas tout de suite, je pouvais en profiter. Je tendais l'oreille et je me déplaçais entre ses patrouilles. Je considérais mes options. J'en avais fini avec l'échelle. Ça n'allait pas marcher. Il n'y avait aucun moyen de faire tenir cette échelle. Ma peau picotait encore à cause du courant. Le choc m'avait déstabilisé. Je me sentais comme une tranche de pain grillé. Comment allais-je passer cette barrière ? *Attends.* Et si je passais en dessous ?

Le fil du bas était à cinq centimètres au-dessus du sol. Et si je creusais assez profondément pour pouvoir me faufiler en dessous ? Je me mis à quatre pattes et je creusai avec mes mains comme une taupe. J'étais descendu d'environ quinze centimètres. Je tombais sur un câble souterrain. Je connaissais suffisamment l'électricité pour savoir que ce câble n'était pas électrifié parce qu'il était en contact avec le sol. Cependant, il n'y avait pas assez de place pour ramper. Je devais choisir entre creuser plus profondément ou trouver un moyen de retirer ce câble.

Le câble souterrain était aussi épais qu'un crayon. Il n'y avait aucune chance de le casser. J'avais perdu mon couteau au début de cette aventure. J'ai pensé à le marteler avec une pierre, mais ça aurait attiré l'attention.

Je continuais à creuser. Lorsque la distance entre le fil sous tension et le trou était d'un demi-mètre, j'attrapais le câble souterrain et je tirais dessus. Il ne bougea pas. J'essayais à nouveau, j'ancrais mon talon au bord du trou et je me penchais en arrière pour tirer. Il ne voulait toujours pas bouger. Je suivi le câble. Il était tendu le long de l'étroit fossé. Peu importe la façon dont je tirais, tirais et tirais encore, il ne bougeait pas.

J'étais sur le point d'abandonner et de réfléchir à une autre solution. J'ai tiré une dernière fois. Une agrafe céda dans le poteau le plus proche. On aurait dit un coup de feu. Je tirai sur le câble pour en déterrer une bonne longueur, et une autre agrafe cassa. C'est devenu plus facile. Je tirai avec tout ce que j'avais jusqu'à ce que les huit agrafes cèdent.

Après chaque claquement d'agrafe, je collais l'oreille au sol pour écouter si le gardien revenait. Aucun bruit. Je déterrai assez long de câble pour continuer à creuser. Mes ongles étaient ensanglantés et cassés. La peur m'envahissait par vagues. J'étais terrifié à l'idée de retoucher accidentellement le fil électrifié et d'être grillé. Je continuais à creuser. La Hollande et la liberté étaient si proches.

Finalement, j'eus assez d'espace pour ramper. J'avais creusé plus profondément pour m'assurer qu'il y avait assez de place entre mon dos et le fil électrique. J'ai senti dans ma poche la dentelle que la Belge m'avait donné. Je la voulais comme souvenir, mais elle faisait gonfler ma poche. Ça pourrait me faire électrocuter. J'en fis un paquet que je jetais par-dessus la barrière.

Je me suis mis à plat ventre et je me suis tortillé comme un serpent qui s'approche furtivement de sa proie. Je passais sous le fil, les pieds en premier. Mon corps tremblait involontairement. Si j'entrais en contact avec le fil, c'était la mort instantanée. Je me forçais à ralentir. J'étais impatient de traverser. J'étais terrifié à l'idée d'avoir manqué un petit détail qui aurait scellé mon destin. Je faisais preuve de la plus grande prudence pour passer sous ce fil. Je pouvais me permettre de ne rien tenir pour acquis.

Je réussi à passer. J'étais si proche maintenant. Une dernière barrière me séparait de mon objectif. Je tombais à genoux et je tendis mes mains vers le ciel. Je remerciais les cieux pour ma bonne fortune et mes évasions réussies, surtout celle-là.

Je rampais finalement sous la dernière clôture de barbelés. Je me relevais et respirais enfin l'air libre de la Hollande. Je ne savais pas où j'étais, et je m'en fichais. J'étais libre. Les Allemands ne pouvaient pas me prendre. Je fis quelques centaines de mètres quand je me suis souvenu que j'avais oublié la dentelle Belge. Je l'avais jetée par-dessus la clôture. Je la voulais. À quel point est-ce que je la voulais ? Je fis demi-tour vers le sol belge. Il fallait que je sois fou pour l'envisager.

Je retournais au dernier endroit où j'avais rampé. Je collais mon oreille au sol et écoutais à nouveau la patrouille allemande. Je l'entendais. Je restai plaqué au sol jusqu'à ce qu'il passe devant moi. Et s'il voyait l'échelle ? Et si on me repérait en train de me cacher dans ce trou ? Est-ce que je pouvais vraiment être aussi stupide ? Je restais allongé pendant plusieurs minutes. Quand j'ai été certain qu'il était parti, je retournais sous les barbelés en Belgique. Je trouvais la dentelle et la mis dans ma poche. Je me précipitais à nouveau sous la clôture vers la hollande et la liberté.

DANS LES RUES DE ROTTERDAM

Je n'étais pas encore sorti de l'auberge. J'étais en Hollande. Mais je ne savais pas où. Je commençais à marcher et j'arrivais à un chemin qui partait sur la gauche. Après l'avoir suivi pendant environ 800 mètres je rencontrais une autre barrière de barbelés, comme celle que j'avais déjà franchie.

Attends. Les Hollandais ont la même clôture. Je me rapprochais. Je pouvais même voir la clôture de 3 mètres avec les fils électriques qui avaient failli me tuer. J'entendais quelqu'un arriver. Il marchait beaucoup plus vite que les gardes allemands auxquels j'étais habitué. Quelque chose n'allait pas. Je m'élançais vers sur une route et je continuais à m'éloigner de la clôture.

La lumière d'un poste de sentinelle brillait devant moi. Je fis une pause et considérais mes options. Je n'étais pas armé. Je serais arrêté uniquement si j'apportais des armes dans le pays. Il devrait être parfaitement sûr pour moi d'annoncer qui j'étais. Je marchais jusqu'au poste de garde. Je vis trois hommes en uniforme gris, la couleur de l'uniforme néerlandais. J'ouvris la bouche pour les appeler. Je changeai d'avis. Et si je me trompais ? Les uniformes allemands étaient également gris. Je pourrais perdre tout ce pour quoi je m'étais battu si ardemment. J'avais eu trop de chance pour faire quelque chose de stupide. Je fis demi-tour et retournais dans les buissons.

« Halte ! Halte ! » Ces mots injectèrent la panique dans mes veines.

Il n'eut pas besoin de crier à nouveau. Je restais silencieux et immobile. Un autre soldat arriva en courant et ils discutèrent rapidement. Je ne savais pas s'ils étaient allemands ou hollandais. Le langage était similaire, leurs deux uniformes étaient gris. Peut-être qu'ils penseraient que c'est un autre chien... ou le vent ?

L'un d'eux se mit à rire et se dirigea vers le poste de garde. Je restais accroupi puis je rampais plus près pour mieux voir. Dans la lumière, je vis la silhouette d'un casque à pointes caractéristique d'un soldat allemand. Est-ce un cauchemar ? Un autre coup de chance. Il m'aurait tiré dessus à coup sûr si je l'avais approché. Ils m'auraient enterré quelque part à la frontière et personne n'aurait jamais su. Même si j'étais techniquement en terrain neutre et protégé contre la capture ou l'attaque.

J'étais perdu. Allemands et frontières devant et derrière. Avais-je perdu mon sens de l'orientation ? Est-ce que je tournais en rond à la frontière ? Je cherchais ma fidèle amie, l'étoile polaire, qui ne m'avait jamais fait défaut. Le ciel était une nuit noire et sans étoiles. J'avançais dans la direction que j'espérais être le nord. Au loin, des lumières me montraient la voie. Un village. Ce devait être un village hollandais. Les lumières n'étaient pas autorisées en Belgique de manière aussi crue.

Je marchais plus vite. Je me mis à courir vers ce village. Je me retrouvais dans un marécage et j'essayais de trouver un meilleur chemin. Je ne pouvais pas le contourner. Je retournais dans le marais et j'entrepris de le traverser. J'étais déterminé à atteindre ce village à tout prix. Rien ne m'arrêterait. J'avais de l'eau jusqu'aux genoux, puis jusqu'à la taille. Je m'en fichais, j'avais vécu bien pire récemment. Une fois le village atteint, mes problèmes seraient terminés.

Après avoir passé deux heures à traverser le marais, j'arrivais enfin à l'orée du village. J'avançais vers un petit atelier dont la lumière brillait à l'extérieur. Trois hommes et deux garçons travaillaient dur pour fabriquer des chaussures en bois. Je pris une profonde inspiration. C'était le moment, j'allais me faire connaître et demander de l'aide. Je n'eus pas besoin d'expliquer que j'étais un réfugié, même si je ne savais pas parler le hollandais. J'avais de la boue qui m'arrivait jusqu'aux épaules. Quel spectacle misérable j'étais.

« Emmenez-moi au consul britannique », demandais-je.

Les hommes firent un pas en arrière. Les garçons se cachèrent derrière eux. Ils avaient l'air terrifiés par cette créature qui sortait des bois et parlait dans une langue étrangère. Après quelques minutes tendues de pointage de doigts, de gestes et de grimaces d'appels à l'aide, ils comprirent que j'étais un soldat britannique.

Mes nouveaux compagnons m'escortèrent dans le village. Il était minuit passé quand nous arrivèrent chez eux. Ils avaient frappé aux portes et avaient réveillé d'autres villageois. Leur famille se composait d'une vieille femme et de son fils qui était dans l'armée néerlandaise.

Des frissons secouèrent ma colonne vertébrale lorsque le soldat s'assit à côté de moi. L'uniforme gris était très semblable à celui du soldat allemand que j'avais passé les soixante-douze derniers jours à éviter.

Les voisins s'étaient entassés dans la petite maison pour me regarder manger. Un sentiment de gêne m'envahissait alors que les villageois me dévisageaient pendant que je mangeais. Je devais avoir l'air d'un animal sauvage étrange qui venait d'être capturé. J'essayais de ne pas y faire attention. Qu'est-ce que ça pouvait me faire ce que les autres pensaient de moi à ce moment-là ?

Je sorti tout l'argent qu'il me restait et j'essayais de le leur donner. Ils me firent remarquer que j'en aurais besoin pour payer le train pour Rotterdam. Ils me conduisirent dans une chambre où je m'assoupis dans le confort et la sérénité pour la première fois depuis des mois. Le lendemain matin, ils m'aidèrent à me nettoyer un peu et m'offrirent un petit-déjeuner. Ces généreux villageois m'escortèrent jusqu'à la gare et payèrent le reste de mon billet de troisième classe. Je n'oublierai jamais la gentillesse des Hollandais de ce village. J'avais entendu de nombreuses histoires sur le refus des Hollandais d'aider les réfugiés. Je pouvais voir que ce n'était pas le cas. Je garderai toujours une place chaleureuse dans mon cœur pour ces personnes gentilles et généreuses.

Une foule s'était rassemblée autour de moi pendant que j'attendais le train. Ils applaudirent lorsque mon train quitta la gare. J'avais du mal à retenir mes larmes. Est-ce que tout le village s'était rassemblé pour me souhaiter bon voyage ? Je repassais les événements dans ma tête, pensant à la dernière fois que j'avais pris le train pour rejoindre le camp de prisonniers de guerre de Strasbourg. Je poussais un grand soupir. Quelle chance j'avais d'avoir échappé à ce camp de prisonniers. J'étais un homme libre. Bientôt, je pourrais envoyer des nouvelles que j'avais réussi à m'échapper.

Sur le chemin de Rotterdam, deux soldats néerlandais entrèrent dans mon compartiment. Ils me regardèrent avec dégoût. Ils ne savaient pas que j'étais un officier britannique. Même si les villageois m'avaient aidé à nettoyer, j'étais encore dans un sale état. Mes vêtements étaient encore hagards après avoir traversé la frontière. Je n'avais pas été capable d'enlever toute la boue du marécage de mon corps et de mes vêtements. Je ne m'étais pas rasé ni même taillé la barbe depuis des jours. Je ne pouvais qu'imaginer l'apparence que je donnais. Je ne leur en voulais pas du tout d'aller s'asseoir aussi loin de moi que possible.

Quand le train arriva à Rotterdam, je trouvais un policier devant la gare. Je lui demandais où se trouvait le consul britannique, américain ou français. Il avait l'air ennuyé et essayait de me faire repousser. Je demandais encore et encore. Je n'arrivais pas à lui faire comprendre ce que je voulais. J'essayais à nouveau. Finalement, une lueur s'alluma dans ses yeux. Il me regarda avec méfiance.

Il arrêta un taxi auquel il parla rapidement en néerlandais. Il me fit monter et la voiture démarra. J'avais l'impression que ce trajet avait duré des heures, lorsqu'en tournant au coin d'une rue je vis l'Union Jack pendant, soufflant dans le vent léger, devant le consulat britannique.

Je fis signe au chauffeur de me suivre. Je n'avais pas d'argent pour le payer. Une fois à l'intérieur, ils comprirent tout de suite que j'étais un prisonnier évadé. Les employés du consulat payèrent le taxi et m'accueillirent à bras ouverts. Ils s'étaient rassemblés autour de moi et me posaient des questions sur mon emprisonnement et mon évasion. Après quelques minutes, le consul général me fit entrer dans son bureau.

Il me salua chaleureusement et m'offrit un fauteuil. Il s'assit en face de moi et mis son monocle sur son œil. Il était évident que seule sa bonne éducation l'empêchait de rire du spécimen ridicule assis en face de lui.

Je souriais et lui dit « vous pouvez rire. Il est impossible de m'offenser aujourd'hui. »

Il n'a pas eu besoin d'une deuxième invitation, et nous avons tous deux ri aux éclats. Il s'approcha de moi, me tapa dans le dos et demanda à entendre toute l'histoire. Quand j'ai eu fini de résumer mes aventures, il me dit que je pouvais avoir tout ce que je voulais.

« Un bain, une coupe de cheveux et un rasage », demandais-je. « Aussi, un télégramme à ma mère en Amérique pour lui dire que je suis sain et sauf et en route pour l'Angleterre. » Le consul fit venir un soldat parlant néerlandais qui était interne depuis le début de la guerre et lui a dit de me procurer tout ce dont j'avais besoin.

Je me promenais maintenant librement dans les rues de Rotterdam. Je respirais l'air frais et libre et appréciais le poids qui avait disparu de mes épaules, cette peur d'être capturé et ramené en prison ou d'être abattu s'était envolée. Je devais pourtant faire attention aux espions allemands qui pullulaient en Hollande. Même s'ils ne pouvaient pas me capturer à nouveau, ils voudraient tout savoir sur les Belges qui m'avaient aidé à m'échapper.

Mon guide me présenta à d'autres soldats qui

s'étaient échappés de Belgique lorsque les Allemands avaient pris Anvers. Ils étaient internés parce qu'ils étaient arrivés en Hollande sous les armes, les lois de la neutralité les obligeant à rester sur place pendant toute la durée de la guerre. La vie d'un homme interné n'était pas idéale. Il pouvait se rendre chez lui un mois par an. Il s'agit d'une forme d'emprisonnement qui, même si elle n'est pas aussi grave qu'un camp de prisonniers de guerre allemand, consistait à être retenu contre son gré. La possibilité de s'échapper était là. Mais les pays neutres avaient passé des accords entre eux pour renvoyer immédiatement les réfugiés.

Je n'allais rester qu'une journée à Rotterdam avant que mon passage en Angleterre ne soit organisé. Je m'embarquais cette nuit-là. Alors que nous sortions du port, l'un de nos destroyers nous éperonna. Il avait tellement endommagé notre navire que nous avons dû retourner au port. Et si mon bateau était coulé dans le port de Rotterdam et que je me faisais tuer en route pour l'Angleterre ? Je chassais cette pensée de mon esprit. Cet accident n'avait causé qu'un court retard, et on nous avait assigné un autre destroyer pour nous escorter dans le dangereux passage vers l'Angleterre.

J'arrivais enfin à Londres. Mes nerfs étaient à vif et le stress que j'avais réussi à contrôler pendant plus de deux mois faisait des ravages. J'étais figé par la peur. Je n'arrivais pas à trouver le courage de traverser la rue de peur d'être écrasé ou piétiné. Je restais sur le trottoir comme une vieille femme dans une ville inconnue, attendant qu'un policier ou un bon samaritain la guide pour traverser. Il n'avait pas fallu longtemps pour que quelqu'un vienne à mon secours et me guide à travers la rue.

Il était courant à l'époque que les officiers anglais rentrent chez eux : *reprenant leurs esprits*. Un temps prolongé au front pouvait user les nerfs et le courage de l'homme le plus fort. Il me fallut un peu de temps pour que je retrouve mes facultés et que je sois en pleine forme.

Je passais les cinq jours suivants à répondre aux questions des autorités militaires britanniques. Ils voulaient connaître mes observations et les conditions allemandes derrière les lignes. Une sténographe enregistrait mon histoire. Je leur disais tout ce que j'avais vu. Des experts de toutes les formes de gouvernement se relayaient pour me poser des questions. Je passais une journée entière à répondre à des questions sur le moral des troupes allemandes, les tranchées de première ligne et les tactiques. Ensuite, l'Air Corps voulait des renseignements sur les équipements et les méthodes de l'armée de l'air allemande. Ils voulaient connaître les conditions et la disponibilité de la nourriture en Allemagne, en Belgique et au Luxembourg. J'ai vécu de mes récoltes pendant plus de soixante-douze jours. J'imaginais que les informations sur les conditions agricoles leur étaient été utiles.

Après avoir répondu aux questions des autorités militaires britanniques, j'allais voir mon banquier Cox & Cox à Londres. Lorsqu'un pilote est porté disparu, un de ses camarades est chargé de trier ses affaires. Il examine tout, détruit ce qui n'a pas de valeur et envoie le reste au banquier ou au domicile du disparu. Si le pilote est déclaré mort, ses effets personnels sont envoyés à ses proches.

On supposait que j'avais été tué. Mon meilleur ami Owen Wrinn avait été chargé de cette tâche. J'avais appris que ma malle était ici à Londres, chez Cox & Cox, et j'étais allé la réclamer. Je demandais à l'employé au guichet où se trouvaient mes affaires. L'employé était suspicieux et dédaigneux. Il m'a dit que le nom que je lui donnais était un prisonnier de guerre en Allemagne. Il ne pouvait pas remettre ses effets à moins que je puisse prouver qu'il était mort et que j'étais son représentant légal. Je n'avais pas envie de jouer avec lui.

« Je peux vous assurer que le lieutenant Ryan n'est pas mort », ai-je dit. « Je n'ai pas oublié ma propre signature. Je peux vous montrer si ça vous aide. » Je griffonnais ma signature sur un morceau de papier et la lui donna. Il l'examina avec une loupe. Il la compara à une autre de mes signatures. Puis il sauta de sa chaise et sorti de son guichet pour me serrer la main. Il secouait ma main de haut en bas et voulait connaître mon histoire. Une autre douzaine d'employés de la banque nous rejoignirent et je racontais à nouveau mes aventures.

J'étais en Angleterre depuis dix jours lorsque je reçu un télégramme. J'eu le souffle coupé lorsque je vis de qui il venait. Le comte de Cromer au nom du roi d'Angleterre souhaitait me rencontrer. Il était écrit :

> *Sa Majesté le roi est soulagé d'apprendre que vous vous êtes échappé d'Allemagne. Sa Majesté vous recevra au Palais de Buckingham le vendredi 7 décembre à 11 heures. Veuillez accuser réception.*

La lettre tremblait dans mes mains. Était-ce la peur ou l'adrénaline qui me traversait ? Pourquoi avais-je si peur de rencontrer le Roi ? Je devrais être excité. Cela n'avait pas d'importance. Je devais y aller. Le Roi était le commandant en chef, et j'étais un officier de l'armée. J'envoyai un télégramme de retour disant que je serais là comme prévu.

Le temps que je passais à attendre de rencontrer le Roi était rempli d'anxiété et de peur. Je me suis dit que j'aurai préféré passer un jour de plus dans cette misérable maison vide en Belgique, ou quelques jours de plus à Courtrai, plutôt que de rencontrer le roi en personne.

Les ordres devaient être suivis et il n'y avait aucun moyen d'y échapper. Je retrouvais le courage que j'avais utilisé dans les champs et les villages pour retourner en Angleterre. Je souriais J'allais rencontrer le roi d'Angleterre.

RENCONTRE AVEC LE ROI

Je hélais un taxi. Après avoir grimpé, je me penchais par la fenêtre de séparation. J'indiquais au chauffeur de m'emmener à Buckingham Palace du ton le plus normal que je pouvais trouver. Le chauffeur me regarda et gloussa. Il me dit : « Vous payez votre visite matinale au Roi alors ? »

Je hochais la tête, et il démarra. Le garde à la porte du palais me demanda qui j'étais et me laissa passer directement par l'entrée principale du palais. Je fus accueilli par un officier avec des rangées et des rangées de médailles fièrement affichées sur sa poitrine. Il me guida à l'intérieur et me conduisit en haut d'un escalier vers la salle de réception de Earl Cromer. On me débarrassa de mon chapeau et de mon pardessus et on me présenta à plusieurs nobles.

J'avais entendu dire qu'avant qu'un homme ne rencontre le Roi, il est renseigné sur ce qu'il devait dire et comment il devait agir. J'attendais patiemment cette leçon, mais elle ne vint jamais. Earl Cromer me parla et m'interrogea sur mon évasion. Peut-être que c'était ma répétition pour le Roi. Raconter l'histoire au Comte Cromer et aux autres nobles me donnait confiance pour ma rencontre avec le Roi. J'avais à peine terminé qu'une porte s'ouvrit, et un préposé a annonça :

« Le roi va recevoir le *sergent* Ryan. »

Je fus introduit dans la présence du Roi. S'il m'avait annoncé que le Kaiser était dehors avec une escouade de soldats allemands prêts à me ramener à Courtrai, mon cœur n'aurait pas battu plus fort.

Je suivis le Comte après avoir été annoncé et j'arrivai dans un autre salon. Le Roi me pris la main et me félicita. Il me mettait à l'aise avec son comportement confortable et chaleureux. Il me demanda comment je me sentais et si j'étais en état de lui raconter mon histoire.

Il voulait savoir si j'avais été moins bien traité par les Allemands parce que j'étais américain. Il avait entendu dire que les Allemands abattraient tout Américain capturé et servant dans l'armée britannique comme un meurtrier, car à l'époque, l'Amérique était neutre dans la guerre.

Je lui ai dit que j'avais entendu des rapports similaires, mais que je n'avais pas remarqué de différence dans mon traitement par rapport aux autres prisonniers de guerre britanniques. Il était un auditoire réceptif lorsque je lui racontai les détails de mon histoire. Il écoutait attentivement, ne m'interrompant qu'occasionnellement pour clarifier un point ou poser une question.

Il me dit que mon évasion était la plus remarquable qu'il ait jamais entendue. Il me complimenta sur mon courage et ma volonté. Il espérait que les autres Américains servant dans l'armée britannique donneraient un aussi bon compte rendu d'eux-mêmes que moi. Je m'attendais à ne rester que quelques minutes, mais une heure s'était écoulée. Il me fit l'impression d'être un roi gracieux, alerte et agréable. Nous restâmes seuls pendant tout l'entretien et j'en ai tiré le plus grand respect pour lui.

Le Roi me demanda quels étaient mes plans pour l'avenir, et je lui annonçais que je voulais rejoindre mon escadron dès que possible. Il sourit et posa sa main sur mon épaule. Il me dit que c'était hors de question. Il ne voulait pas risquer que je sois abattu et à nouveau capturé. Il m'a dit que si cela arrivait, je serais abattu à coup sûr.

Je lui demandai s'il était possible de servir à Salonique ou en Italie

Le Roi m'informa que ce serait tout aussi dangereux, sinon pire. Il me suggéra de suivre des cours avancés de pilotage ou de servir en Égypte. Aucune des deux solutions ne me séduisait. Il me dit que j'en avais déjà fait assez pour le roi et le pays, et il me souhaita bonne chance.

Earl Cromer m'attendait dans la pièce adjacente. D'après son regard, je pouvais dire qu'il était surpris par le temps que j'avais passé avec le Roi. Il m'accompagna jusqu'à la porte et me remercia pour tous mes sacrifices envers le pays. En sortant, un garde et un policier se mirent au garde-à-vous. Peut-être avaient-ils pensé que le Roi m'avait donné une médaille ?

Je pris un taxi pour retourner à l'hôtel. Mon esprit

repassait les différents événements des neuf derniers mois. J'avais déjà traversé tellement de choses. Et voilà où j'avais fini : reçu par le roi au palais de Buckingham. Quelle aventure !

DE RETOUR À LA MAISON

Cette nuit-là, fut le premier des nombreux banquets organisés en mon honneur à l'Hôtel Savoy. Je me disais que mon plus grand danger maintenant était de me laisser aller à la consommation de tous les aliments riches qui m'étaient proposés quotidiennement. Il n'y avait pas si longtemps, je vivais de légumes crus et de la gentillesse d'inconnus.

Il était temps de quitter Londres et de rentrer chez moi J'avais une mère aimante qui souhaitait avoir plus de preuves de mon évasion que les quelques lettres et télégrammes qu'elle avait reçus. Je l'informais que je serais à la maison pour Noël.

Je remarquai un visage familier dans la pièce. C'était le lieutenant Harty de mon escadron. Je m'approchais de lui et lui donna le choc de sa vie. Je lui tendis la main. Il me fixa pendant au moins une minute.

« Vous ressemblez à quelqu'un que je connais », me dit-il. « Qui êtes-vous ? »

Après l'avoir convaincu de mon identité, il continua à

me fixer et à secouer la tête. Il ne pouvait pas y croire. Nous étions dans cette dernière bataille ensemble quand je fus abattu. Il me dit que la dernière fois qu'il m'avait vu, j'avais une balle dans le visage et mon avion était en piqué. Il n'avait jamais cru le rapport selon lequel j'étais un prisonnier de guerre. Il pensait que personne n'aurait pu survivre à cette chute.

Une fois le choc initial passé, il me donna une triste nouvelle. Il était l'un des rares hommes encore en vie de notre escadron en France. Il me raconta les histoires de tous mes vieux amis. La plupart avaient été tués, sauf deux qui avaient été cloués au sol pour des réparations. Il me dit qu'il était en route pour l'Australie pour récupérer et retrouver ses nerfs. Il avait vu deux fois plus de combats que moi. Nous avons passé des heures à échanger des histoires. J'ai remarqué qu'il me fixait, comme pour s'assurer que je n'étais pas un imposteur et que toute cette histoire n'était pas un canular.

Je suis arrivé au Nouveau-Brunswick, puis dans mon petit village de Waldron, dans l'Illinois, sur la rivière Kankakee la veille de Noël. Ma mère se tenait dans l'embrasure de la porte pour m'accueillir avec une grosse embrassade et des larmes dans les yeux. Ses larmes d'émotion continuèrent à couler pendant plus d'une heure.

Je n'ai jamais été aussi heureux d'arriver dans un pays que lorsque je suis rentré en Amérique. Maintenant que je suis de retour, des morceaux de mon aventure me reviennent dans mes rêves. Parfois, je me lève en sursaut et je cherche autour de moi de l'herbe douce et tout signe d'un uniforme allemand. Depuis, j'ai appris à fermer les yeux et à me rendormir.

À PROPOS DE L'AUTEUR

Daniel Wrinn écrit des articles sur l`histoire militaire et les récits de guerre. Ancien combattant de l`US Navy et passionné d`histoire, Daniel vit dans les Montagnes Wasatch de l`Utah. Il écrit tous les jours avec la vue sur les sommets enneigés de Park City pour lui tenir compagnie.

www.danielwrinn.com

Ce livre est basé sur des événements réels. Certains des personnages et des événements décrits dans ce livre sont fictifs. Toute ressemblance avec des personnes réelles, vivantes ou décédées, est fortuite et n'est pas voulue par l'auteur.

www.ingramcontent.com/pod-product-compliance
Ingram Content Group UK Ltd.
Pitfield, Milton Keynes, MK11 3LW, UK
UKHW041825200726
13854UKWH00002BA/559

9 798201 372835